Italo Kalvino
NEPOSTOJEĆI VITEZ

REČ I MISAO
KNJIGA 487

Prevele
SRBISLAVA VUKOV-SIMENTIĆ
SNEŽANA MARINKOVIĆ

ITALO KALVINO

NEPOSTOJEĆI VITEZ

IZDAVAČKO PREDUZEĆE „RAD"
BEOGRAD

I

Pod crvenim zidinama Pariza beše postrojena francuska vojska. Smotru paladina trebalo je da izvrši Karlo Veliki. Bilo je hladno, a oni su već više od tri sata tamo stajali. Beše to jedno od prvih letnjih popodneva, tu i tamo prekriveno oblacima; u oklopima je ključalo kao u loncima koji se krčkaju na tihoj vatri. Sigurno je poneko u tom nepokretnom redu i pao u nesvest ili zadremao, ali oklop ih je sve držao jednako ukočene u sedlu. Iznenada, začu se zvuk trube: zadrhtaše peruške šlemova na nepomičnom vazduhu, kao na udar vetra, a ono nalik morskom huku što se do tada čulo – utihnu. Beše to, sad se vidi, samo hrkanje ratnika prigušeno metalnim grlima kaciga. Evo, konačno ga ugledaše kako odozdo napreduje, na konju koji se činio većim od običnog, Karla Velikog s bradom na prsima, i rukama na unkašu. Vlada i ratuje, ratuje i vlada, stalno iznova... kao da je malo ostario od kad su ga ovi ratnici poslednji put videli.

Zaustavlja konja kod svakog oficira i okreće se da ga pogleda od glave do pete. – A ko ste Vi, francuski viteže?

– Salomon iz Bretanje, gospodaru – odgovorio bi ovaj na sav glas, podižući vizir i otkrivajući zajapureno lice, te bi dodao i po koji praktični podatak, kao: – Pet hiljada vitezova, tri hiljade petsto pešadinaca, hiljadu osamsto posilnih, pet godina logorovanja.

– Hajde ti s Bretoncima, viteže! – rekao bi Karlo, i tok-tok-tok stigao do drugog vođe eskadrona.

– A Vi ko ste, francuski viteže? – nastavljao bi.

– Olivijeri iz Beča, gospodaru! – sricale su usne čim bi se podigla rešetka šlema. A potom: – Tri hiljade izabranih vitezova, sedam hiljada vojnika, 20 komada opsadnog oružja. Pobednik nad paganinom Fijerabračom, milošću božjom i u slavu Karla, kralja Francuske!

– Bravo Bečlijo, dobro obavljeno! – rekao bi Karlo Veliki, a obraćajući se ostalim oficirima: – Malo su nam mršavi ovi konji, povećajte im porcije – išao je dalje i ponavljao, uvek sa istom intonacijom „Tata-tatata-tatarata-ta...“ – A ko ste Vi, francuski viteže?

– Bernardo iz Mompolijea, gospodaru! Pobednik na Brunamonteu i Galifernu.

– Lep grad, Mompolije! Grad lepih žena! – a u nastavku – Videćeš da ćemo izaći na kraj s njima. Već godinama su to uvek iste dosetke, ali sve što kralj izgovori rado se prihvata.

– A ko ste Vi, s tim grbom koji prepoznajem? Bez potrebe da išta kažu, prepoznavao ih je sve po oružju koje su imali na grbu štita, ali bio je običaj da oni ipak otkriju svoje lice i ime. U protivnom, neko ko ima nešto pametnije da radi nego da učestvuje na smotri, mogao je da pošalje samo svoj oklop sa nekim drugim u njemu.

– Alardo iz Dordone, od vojvode Amonea...

– Zdravo da si Alardo, šta kaže tata? – i tako redom. „Tata-tatata-tatarata-ta...“

– Gualfre iz Monđoje! Osam hiljada vitezova plus mrtvi!

Njišu se ukrasi na šlemovima – Danac Uđeri! Namo iz Bavarske! Palmerino iz Engleske!

Spuštalo se veče. Lica se, kroz oduške na kacigama i otvore za usta, nisu više tako jasno razaznavala. Svaka reč, svaki pokret sada je već bio predvidiv, kao uostalom i sve u tom ratu koji traje već godinama. Svaki okršaj, svaki dvoboj vodi se uvek po istim pravilima, pa se tako već danas zna ko će sutra pobediti, ko izgubiti, ko će biti heroj a ko izdajnik, na koga je došao red da bude preklan, a ko će se, izbačen iz sedla, izvući tresnuvši samo zadnjicom o zemlju. Uveče, uz svetlost baklji, kovači na oklopima kuckaju uvek ista ulubljenja.

– A Vi? – Kralj je dospeo do viteza u potpuno belom oklopu; samo je jedna uska crna linija išla duž svih ivica; sve ostalo je bilo bleštavo belo, uredno, bez ijedne ogrebotine, svaki dodatak beše lepo uklopljen, dok se iznad kacige uzdizala perjanica od ko zna koje vrste orijentalnog pevca koja se prelivala u svim duginim bojama. Na štitu, izmedju dva skuta širokog, nabranog plašta bio je nacrtan grb. Unutar njega otvarala su se još dva skuta plašta i između njih manji grb, na kome se opet nalazio jedan još manji grb ogrnut plaštom. Sve tananijim crtežom prikazan je čitav niz plaštova koji su se otvarali, jedan za drugim; između njih moglo je da bude bilo šta, ali ništa više nije moglo da se razazna jer je crtež postajao sve sitniji i sitniji.

– A Vi tamo, tako uredno odeveni...– reče Karlo Veliki, koji je, što je rat duže trajao, kod vitezova nailazio na sve manje poštovanja prema čistoći.

– Ja sam – iz unutrašnjosti šlema, uz laki odjek, stizao je metalni glas, kao da ne vibrira grlo već sam pleh oklopa – Ađilulfo Emo Bertrandino od Gvildivernijevih i Ostalih iz Korbentraca i Sure, vitez Ovostrane Selimpije i Fesa.

– Aaah...– izbačenom donjom usnom zatrubi Karlo Veliki, kao da hoće da kaže: „Kad bih morao da zapamtim imena svih, nagraisao bih." I odmah se namrgodi – A zašto ne podignete vizir i ne pokažete svoje lice?

7

Vitez ne načini nikakav pokret. Njegova desna ruka prekrivena gvozdenom, dobro pričvršćenom rukavicom, snažnije steže unkaš, a druga, kojom je držao štit, kao da se strese od iznenadnih žmaraca.

– Hej, viteže, Vama govorim! – navaljivao je Karlo Veliki – Zašto ne pokažete lice svome kralju?

Iz podbradnjaka se začu jasan glas – Jer ja ne postojim, gospodaru.

– Gle sad ovo! – uzviknu car – Dakle u vojsci imamo i viteza koji ne postoji! Dođite samo da vidite!

Činilo se da Ađilulfo načas okleva, a onda odlučnim, ali sporim pokretom, podiže vizir. U belom oklopu šlema koji se prelivao duginim bojama nije bilo nikoga.

– Eh! Eh! Šta ću ja još videti! – reče Karlo Veliki – Pa kako ste onda u službi, ako Vas nema?

– Snagom volje – reče Ađilulfo – i verom u našu svetu stvar!

– Da, da, lepo rečeno... Tako se obavlja svoja dužnost. Pa, za nekoga ko ne postoji, Vi ste čovek na svom mestu.

Ađilulfo je bio poslednji u koloni. Car je već izvršio smotru svih paladina; okrete konja i udalji se ka carskim šatrama. Bio je star i trudio se da iz glave odagna komplikovana pitanja.

Truba objavi „Voljno". Konji se, kao i obično, raziđoše, a velika šuma kopalja povi se i zatalasa poput žitnog polja na vetru. Vitezovi su iskakali iz sedla, mrdali nogama da ih protegnu. Potom se, iz gomile i prašinčine, vitezovi izdvojiše u manje grupe (iznad njih su se uzdizali raznobojni ukrasi na šlemovima) kako bi odahnuli od usiljene nepokretnosti i dali oduška šalama i razmetanju, tračarenjima žena i počastima.

Ađilulfo načini nekoliko koraka s namerom da se pridruži jednoj od tih grupa, a onda bez ikakvog razloga pokuša da pređe u drugu, no ne uspe da se probije.

Niko i ne hajaše za njega. Neodlučan, zastajao je pomalo iza leđa ovog ili onog, ne učestvujući u njihovim razgovorima, pa potom stade u stranu. Smrkavalo se; raznobojno perje na vizirima sada je bilo jedne iste, neodređene boje; ali, u polju se isticao beli oklop. Ađilulfo se u trenu oseti kao da je go, pa prekrsti ruke i skupi ramena. Zatim se strese i krupnim korakom uputi ka štalama. Stigavši tamo otkri da nega konja nije obavljena prema pravilima, ukori konjušare, izreče kazne konjušarskim pomoćnicima, pregleda sve smene radnika s posebnim zadacima, raspodeli ponovo zaduženja podrobno objašnjavajući kako ih treba obavljati, a onda ih natera da ponove ono što je rekao da bi proverio da li su dobro shvatili. A kako je svakog momenta na videlo izlazio nemar njegovih kolega – oficira paladina, pozva ih jednog po jednog, odvajajući ih od slatkih, dokonih večernjih razgovora, i nenametljivo, ali odlučno im prigovori njihove nedostatke, primora ih da dežuraju, stražare, idu u patrole, i tako redom. Uvek je bio u pravu, i paladini nisu mogli da odbiju njegova naređenja, ali nisu skrivali svoje nezadovoljstvo. Ađilulfo Emo Bertrandino od Gvildivernijevih i Ostalih iz Korbentraza i Sure, vitez Ovostrane Selimpije i Fesa svakako je bio vojnik za uzor; ali je svima bio antipatičan.

II

Noć je, za vojsku u logoru, uređena kao zvezdano nebo: smene straže, dežurni oficiri, patrole. Sve ostalo – stalna zbrka vojske u ratu, dnevna vreva iz koje iznenada može da iskoči nešto nepredviđeno poput pomamljenog konja – sada se utišalo, jer san je pobedio sve ratnike i četvoronošce hrišćanskog sveta. Eno ih tamo kako svi zajedno hrču, i dok jedni stoje u nizu i, s vremena na vreme, protrljaju kopito o zemlju kratko rznuvši ili zanjištavši, ovi drugi, konačno oslobođeni šlema i pancira, zadovoljni su što opet mogu da budu posebna i nezamenljiva ljudska bića.

S druge strane, u polju nevernika, isto stanje: isti koraci stražara, tamo-amo, zapovednik straže koji gleda kako i poslednja zrnca u peščanom satu protiču pa odlazi da probudi smenu, oficir koji koristi noć bdenja da napiše pismo ženi. Hrišćanske i neverničke patrole odmiču se na pola milje, stižu skoro do šume i onda zaokreću, jedna na ovu, druga na onu stranu, da se nikada ne sretnu, pa se vraćaju u logor da referišu da je sve mirno i odlaze u krevet. Zvezde i Mesec promiču polagano iznad dva suprotstavljena logora. Nigde se ne spava tako dobro kao u vojsci.

Samo Ađilulfu nije data ova okrepa. U belom oklopu, doteran cakum-pakum, u svom šatoru – jednom od najsređenijih i najudobnijih u hrišćanskom logoru – pokušava da leži na leđima i razmišlja; on nema one dokone i rasplinute misli nekoga ko pokušava da zaspi, već uvek određena i jasna razmišljanja. Posle izvesnog vremena pridiže se oslanjajući se na lakat: oseća potrebu da se zabavi bilo kakvom manuelnom radnjom, kao što je glancanje koplja koje mu je već potpuno blistavo ili mazanjem spojeva oklopa. I to ne potraja dugo: evo ga, već ustaje, izlazi iz šatora, uzima strelu i štit, a njegova senka belasa se prolazeći logorištem. Iz kupastih šatora čuje se koncert teškog disanja zaspalih. Šta znači sklopiti oči, izgubiti svest o sebi i utonuti u prazninu svojih sati, a posle se probuditi isti kao pre i ponovo povezati niti svoga života – Ađilulfo nije mogao da zna – a njegova zavist zbog sposobnosti da se spava, što je svojstveno ljudima koji postoje, isprazna je poput nečega što se ne može ni pojmiti. Još više ga pogađa i uznemirava pogled na bosa stopala koja tu i tamo provire iz šatora, s palčevima okrenutim nagore; usnulo logorište je kraljevstvo telesa, prostranstvo puno starog Adamovog mesa što odiše popijenim vinom i znojem ratničkog dana. Dok na pragu velikih šatora leže rasklopljeni prazni oklopi koje će štitonoše i sluge ujutru uglancati i srediti, Ađilulfo prolazi, pažljiv, uznemiren, gord. Tela ljudi koji tela imaju, u njemu bude neprijatnost koja liči na zavist, ali i teskobu oholosti i nadmene superiornosti. Evo toliko pominjanih kolega, slavnih paladina, i... šta su sad? Oklop – potvrda njihovog statusa i imena, veličanstvenih poduhvata, moći i vrednosti – sada je sveden na običnu opnu, na praznu olupinu; a ljudi... ljudi hrču lica priljubljenih uz jastuk, dok im pljuvačka curi iz otvorenih usta. Ali ne i on, on se ne može rastaviti na delove, raskomadati: bio je i ostao, u svakom momentu, danju i noću, Ađilulfo Emo Bertrandino od Gvildivernijevih i Ostalih, vojnik – vitez Ovostrane Selimpije i Fesa koji je tad i tad, u slavu hrišćanskog oružja, izvršio te i te akcije i u vojsci cara Karla Velikog preuzeo komandu nad tim i tim trupama. Vlasnik je jednog od najsjajnijih oklopa u celom logoru, oklo-

11

pa neodvojivog od njega samog. I bolji je oficir od mnogih koji se razmeću svojom slavom; štaviše, on je najbolji od svih oficira. Pa ipak, nesrećan hoda po noći.

Začu glas: – Gosn' oficiru, izvinite ali, kada stiže smena? Postavili su me ovde pre više od tri sata! Beše to stražar koji se tako oslanjao na koplje da je izgledao kao da mu ga je neko upravo zabio u stomak.

Ađilulfo se ni ne okrete; izusti samo – Pogrešio si, ja nisam dežurni oficir – i ode dalje.

– Izvinite, gosn' oficiru. Kad sam Vas video da se ovuda šetate, pomislio sam da...

I najmanji propust u poslu budio je u Ađilulfu pomamu da sve kontroliše, da pronađe i druge greške i nemarnosti u tuđem radu, ali istovremeno i žestoku patnju zbog onoga što je rđavo urađeno, što nije sve na svom mestu... No, kako njegova dužnost nije bila da vrši nadzor ove vrste u tom času, tako se i njegovo držanje moglo smatrati neumesnim, čak i nedisciplinovanim. Ađilulfo je pokušavao da se zaustavi, da ograniči svoje interesovanje na posebna pitanja kojima će sutra ionako morati da se pozabavi, kao što je sređivanje soški u kojima se čuvaju koplja ili naprave za držanje sena na suvom... Ali njegova bi se bela senka nekako uvek motala oko kakvog zapovednika straže, dežurnog oficira, patrole koja pretura po kuhinji tražeći balon vina pretekao od prethodne večeri... Svaki put bi Ađilulfo na tren zastao, nesiguran da li treba da se ponaša kao neko ko samim svojim prisustvom može da nametne poštovanje prema autoritetu, ili pak kao neko ko, našavši se negde gde nema razloga da bude, korakne unazad, nenametljivo se pretvarajući da ne postoji. U ovoj bi se nesigurnosti, zamišljen, zaustavljao, ne uspevajući da zauzme ni jedan ni drugi stav; osećao je samo da svima dosađuje, a želeo je da uradi bilo šta samo da stupi u ma kakav odnos s bližnjim, na primer da počne na sav glas da izdaje naređenja, govori prostakluke poput kakvog vodnika, ili da se kliberi i psuje kako to čine prijatelji u krčmi. Umesto toga, promrmljao bi kakav nerazumljivi pozdrav, sramežljivošću maskiranom ohološću, ili ohološću maskiranom sramežljivošću, i pošao dalje; a onda bi mu se ipak učinilo da mu se neko obraća pa bi, malo se okrenuvši rekao – Da? – ali odmah bi se uverio da se niko ne obraća njemu, i odlazio bi kao da beži.

Odmicao je ka rubu polja, ka usamljenim mestima, gore, do ogoljenog brežuljka. Mirnu noć narušavao je samo meki let malenih bezobličnih senki tihih krila koje su se kretale unaokolo bez ikakvog, čak i trenutnog cilja – slepi miševi. Čak i to njihovo jadno telo, za koje ne znaš ni da li je miš ili ptica, ipak je bilo nešto opipljivo i sigurno, nešto čime se moglo udarati po vazduhu i otvorenih usta gutati komarce, dok je Ađilulfo, i pored svog tog oklopa, kroz svaku pukotinu osećao udar vetra, let komarca, mesečev zrak. Iznenada, iskali neodređeni bes koji je u njemu rastao: izvadi mač iz korica, ščepa ga sa obe ruke i kroz vazduh zavitla svom snagom prema svakom slepom mišu koji se spuštao. Ništa. Nastavljali su svoj let bez početka i kraja, tek tu i tamo uznemireni kretanjem vazduha. Ađilulfo je vitlao mačem; više nije ni pokušavao da pogodi slepe miševe; njegovi oštri udarci pratili su najpravilnije putanje i ređali se onako kako nalažu pravila mačevanja. Tako Ađilulfo poče da radi vežbe kao da se sprema za nastupajuću bitku, i razmeće se teorijom o poprečnim i odbrambenim udarcima, fintama...

Najednom se zaustavi. Neki mladić pojavi se na jednoj stazi, tamo na brežuljku, i stade da ga gleda. Od oružja je imao samo mač, a grudi su mu bile opasane lakim oklopom.

– Oh, viteže! – uzviknu – Nisam želeo da vas prekinem! Je l' se Vi to za boj spremate? S prvim jutarnjim zracima počinje boj, zar ne? Dozvoljavate li da i ja vežbam sa Vama? – A onda, posle tišine: – Juče sam stigao u logor... Biće to za mene prvi boj... Sve je tako drugačije od onoga što sam očekivao...

Ađilulfo se sada nakrivi, s mačem stegnutim na grudima, skrštenih ruku, sav skupljen iza štita. – Raspored za eventualni okršaj, o kome odluku donosi komanda, saopštava se gospodi oficirima i trupi sat vremena pre početka operacija – reče.

Mladić ostade pomalo zbunjen, kao zaustavljen u svom zanosu, ali izborivši se s lakim mumlanjem, započe ponovo, s malopređašnjim žarom: – A ja sam, eto, stigao sada... da osvetim svoga oca... I voleo bih, molim Vas, da mi vi stariji kažete, šta treba da uradim da se u borbi nađem oči u oči s onim nevernim psom argalifom Izoarom; da, upravo s njim, da polomim koplje o njegova rebra, kao što je to on učinio mom junačkom ocu, pokojnom markizu Gerardu iz Rosiljonea, nek mu je večna slava!

– To je, momče, veoma jednostavno – reče Ađilulfo, a u njegovom glasu sada bi čak i izvesnog žara, žara nekoga ko poznajući u prste pravila i brojno stanje vojske, uživa u tome da pokaže sopstvenu kompetentnost, čak i da pomuti tuđu nespremnost – Treba da uputiš molbu Upravi za Dvoboje, Osvete i Ukaljane časti, i da posebno naznačiš motive svog zahteva, pa će onda biti proučeno kako ćeš najlakše dospeti u priliku da dođeš do željenog zadovoljenja.

Mladić, koji je očekivao barem neki znak dužnog poštovanja na pomen imena svog oca, ostade skamenjen, više tonom no smislom izlaganja. Pokuša da razmisli o rečima koje mu je vitez uputio, ali tek da bi ih u sebi porekao i sačuvao entuzijazam. – Ali, viteže, shvatite me, ne interesuju mene uprave, ja se samo pitam da li će u borbi hrabrost i žestina koju osećam, biti dovoljni da rasporim, ne jednog, već stotinu nevernika, kao i moja veština rukovanja oružjem... jer ja sam dobro uvežban, da li će... razumete?... Mislim ... da li tamo... u tom velikom okršaju, pre nego što se snađem, ne znam... Ako ne pronađem tog psa, ako mi umakne... hteo sam da znam šta Vi radite u takvim slučajevima, recite mi, viteže... kada je u borbi u igri nešto što se tiče Vas, nešto što Vam je toliko važno a samo Vas se tiče...

Ađilulfo suvo odgovori: – Čvrsto se držim propisa. Učini i ti tako, i nećeš pogrešiti.

– Izvinite – reče mladić ostavši skamenjen – nisam hteo da Vas uznemiravam. Želeo bih da sa Vama malo vežbam mačevanje, sa Vama, paladinom! Jer, znate, ja sam u mačevanju dobar, ali ponekad, rano ujutru, mišići su mi tako umrtvljeni, hladni, ne pokreću se kako bih želeo. Događa li se to i Vama?

– Meni ne – odgovori Ađilulfo, i već mu okrete leđa i ode.

Mladić pođe logorištem. Beše to ono nesigurno doba pred zoru. Između šatora su se mogle primetiti prve kretnje ljudi. Još pre opšteg buđenja glavni štabovi behu na nogama. U šatorima komandanata i četnim kancelarijama palile su se baklje koje su se borile sa svetlošću polumeseca koja je dopirala sa neba. Da li je ovaj dan koji je započinjao, zaista bio dan boja, o čemu se još od sinoć proširio glas? Novopridošlog je već obuzelo uzbuđenje, uzbuđenje drugačije od onoga koje je očekivao, drugačije od onoga koje ga je dovde dovelo, ili bolje reći, beše to nemir da ponovo pronađe tlo pod nogama, sada kada mu se činilo da sve što dotakne odzvanja prazninom.

Sretao je paladine već zatvorene u svoje blistave oklope, u oble šlemove ukrašene perjanicama, lica pokrivenih vizirom. Mladić se okrete da ih pogleda i požele da podražava njihovo držanje, ponos sa kojim se kreću kroz život, kao da su im oklop, šlem i štitnik na ramenu sačinjeni od jednog komada. Evo ga, među nepobedivim paladinima, evo ga spremnog da ih u borbi sledi, s oružjem u ruci, da postane kao oni! Ali ona dvojica koje je do sada pratio, umesto da uskoče u sedlo, sedoše za sto prepun karata. Behu to sigurno dvojica velikih komandanata. Mladić pohita da im se predstavi – Ja sam Rambaldo iz Rosiljonea, od pokojnog markiza Gerarda! Došao sam da se prijavim u vojsku da osvetim svog oca što junačkom smrću pade pod zidinama Sevilje!

Ona dvojica položiše ruke na šlem s perjanicom, podigoše ga odvajajući kacigu od štitnika za vrat, te ga spustiše na sto. Ispod šlemova pojaviše se dve ćelave glave, žućkaste, dva lica mlitave kože, sva u kesama, bledunjavih brkova: behu to lica pisara, funkcionera-piskarala – Rosiljone, Rosiljone – rekoše, prelistavajući nekakve smotuljke prstima ovlaženim pljuvačkom – Ali zar te nismo još juče uneli u spisak! Šta hoćeš? Zašto nisi sa svojim vodom?

– Ništa ne znam, noćas nisam mogao da zaspim, sama pomisao na borbu... ja moram da osvetim svog oca, znate, moram da ubijem argalifa Izoara i zato tražim... Pa dobro: Upravu za Dvoboje, Osvete i Ukaljane časti; gde se ona nalazi?

– Vidi ti njega, šta mu pada na pamet čim je stigao! A šta ti znaš o toj Upravi?

– O njoj mi je govorio onaj vitez, kako se zvaše, onaj u belom oklopu...

– Uh! Samo nam još on fali! Kad taj svugde ne bi zabadao nos koji nema!

– Kako? Nema nos?

– Pošto njega samog nikada nigde neće zasvrbeti – reče drugi od dvojice za stolom – nema ništa pametnije da radi nego da počeše druge tamo gde ih svrbi.

– A zašto njega nikada nigde neće zasvrbeti?

– A na kom mestu da ga zasvrbi kad on nema ni jedno mesto? To je vitez koji ne postoji...

– Kako ne postoji? Ja sam ga video! Bio je tu!

– Šta si video? Olupinu. On je neko ko je tu iako ga nema, shvataš li, žutokljunče?

Nikada mladi Rambaldo ne bi pomislio da izgled može toliko da prevari. Od kako je stigao u logor stalno otkriva da je sve drugačije od onoga kako mu se čini.

– Znači u vojsci Karla Velikog čovek može da bude vitez s imenom i zvanjem, čak i odvažan borac i revnosan oficir, a da ne mora i da postoji.

– Polako! Niko nije rekao: u vojsci Karla Velikog čovek može itd, itd... Samo smo rekli: u našem puku postoji jedan takav i takav vitez. I to je sve. Šta, uopšteno govoreći, može da postoji i da ne postoji, nas ne interesuje. Jesi li razumeo?

Rambaldo se uputi ka velikom šatoru Uprave za Dvoboje, Osvete i Ukaljane časti. Nije više dao da ga prevare oklopi i kacige ukrašene perjem: shvatio je da iza tih stolova oklopi skrivaju mršave i prašnjave čovečuljke. A hvala Bogu ako u njima uopšte ikoga ima!

– Tako, želiš da osvetiš svoga oca, markiza iz Rosiljionea, generala po činu! Da vidimo: da bi se osvetio jedan general, najbolji postupak jeste da se smaknu tri majora. Mogli bismo da ti odredimo dva laka, i u redu je.

– Ne, nisam vam dobro objasnio: ja moram da ubijem argalifa Izoara. On lično je pogubio mog slavnog oca!

– Da, da, shvatili smo, ali srušiti jednog argalifa... ne misliš valjda da je to tako jednostavno?... Hoćeš li četiri kapetana? Ujutru ti garantujemo četiri kapetana – nevernika. Da znaš da se četiri kapetana daju za generala čitave vojske, a tvoj otac je bio samo general brigade.

– Ja ću tražiti Izoara i rasporiću ga! Njega, samo njega hoću!

– Završićeš ti u zatvoru a ne u boju, budi siguran! Razmisli malo pre nego što progovoriš! Ako ti pravimo probleme zbog Izoara, sigurno da za to postoji valjan razlog... Ako, na primer, naš vladar s njim ima neke pregovore koji su u toku...

Utom se lice jednog od ovih funkcionera, koje je do sada bilo zaronjeno u karte, razdragano podiže: – Sve je rešeno! Sve je rešeno! Nema potrebe da se išta radi! Ma kakvi, osveta ne vodi nikuda! Olivijeri je juče osvetio svoja dva ujaka misleći da su poginuli u borbi! A oni su samo ostali pijani ispod nekog stola! Tako imamo osvetu dva ujaka viška, pa ćemo to računati kao pola osvete oca: to je kao da imamo jednu blanko osvetu oca koja je već izvršena.

– Ah, oče moj!
– Šta sad bi?

Sviralo je na buđenje. Logor je, s prvom dnevnom svetlošću, počeo da vrvi od vojnika. Rambaldo požele da se pomeša sa tom gomilom koja je, malo-pomalo, dobijala oblik ravnomerno raspoređenih odreda i četa, ali mu se učini da je to zveckanje gvožđem isto kao titranje zaštitnih pokrilaca insekata, pucketanje osušenih ljuštura. Mnogi od ratnika behu zatvoreni u kacige i oklope sve do pasa, a ispod bočnog dela oklopa i štitnika za leđa strčale su noge u čakširama i čarapama, pošto su oklope za bedra i štitnike za noge i kolena čekali da stave kada budu u sedlu. Noge su im, pod tim gvozdenim grudnim košem izgledale tanje, kao noge skakavaca; pa i kako su se kretali dok su govorili – okruglih glava bez očiju, ili kako su držali savijene ruke natrpane štitnicima za lakat i ruku, kao što rade cvrčci ili mravi – sve je to jednako ličilo na skakutanje insekata. Rambaldove oči su kružile između njih tražeći nešto: nadao se da će ponovo sresti beli Ađilulfov oklop, valjda zato što bi mu njegova pojava ostatak vojske učinila stvarnijim, ili možda stoga što je najstvarnija pojava koju je sreo bila upravo pojava tog nepostojećeg viteza.

Ugleda ga kako sedi na zemlji, ispod jednog bora, i u pravilan oblik ređa male šišarke popadale po zemlji – pravougli trougao. U to doba, u zoru, Ađilulfo je uvek imao potrebu da se posveti vežbama preciznosti: da broji predmete, da ih reda u geometrijske figure, rešava aritmetičke probleme. To je doba kada stvari gube čvrstinu senke koja ih tokom noći prati i, malo-pomalo, ponovo zadobijaju boje, a u međuvremenu kao da prelaze neku nesigurnu ničiju zemlju, tek ovlaš dodirnute svetlošću i skoro zaodenute njenim ore-olom. To je čas u kome je čovek manje siguran u po-stojanje sveta. Adilulfo je uvek imao potrebu da nas-pram sebe oseti stvari kao kakav masivni zid kojem bi suprotstavio snagu svoje volje, i samo je tako uspevao da svest o sebi održi sigurnom. No, ako bi svet oko njega čilio u nesigurnost, u dvoličnost, tada bi i sam osećao kako tone u tu meku polusenku, i više ne bi uspevao da iz praznine iznese na videlo jasnu misao, iznenadnu odluku, prkos. Rđavo se osećao: behu to trenuci u kojima mu se činilo kao da nestaje; katkad bi samo uz ogroman napor uspevao da se ne raspadne. I onda bi počinjao da broji: listove, kamenje, koplja, ši-šarke, sve što bi se ispred njega našlo. Ili bi ih samo nizao u redove, slagao u kvadrate i piramide. Posveći-vanje ovim preciznim aktivnostima omogućavalo mu je da savlada slabost, prihvati nezadovoljstvo, nemir i iscrpljenost, i tako ponovo zadobije uobičajenu tre-zvenost i staloženost.

Takvog ga je ugledao Rambaldo, dok je usredsređe-nim i brzim pokretima reðao šišarke u trougao, a po-tom u kvadrate nad stranicama trougla, tvrdoglavo zbrajajući šišarke kvadrata nad katetama i upoređuju-ći ih s onim nad hipotenuzom. Rombaldo shvati da se tu sve odvija po ritualima, formulama, konvencijama, a iza toga... šta je stajalo iza svega toga? Oseti kako ga obuzima neodređena pometenost kad shvati da je van svih pravila te igre... A onda... zar i njegova osveta očeve smrti, i ovaj njegov polet za borbom, prijavlji-vanje u vojsku Karla Velikog... zar i to nije bio samo ritual kako ne bi utonuo u ništavilo, ritual jednak Adilulfovom podizanju i spuštanju šišarki? Ophrvan nemirom zbog ovako neočekivanih pitanja, mladi Rimbaldo se baci na zemlju i stade da plače.

Oseti kako mu se nešto spušta na kosu, neka ruka, gvozdena, ali laka. Kraj njega je, na kolenima, bio Ađilulfo.

– Šta ti je mladiću? Zašto plačeš?

Stanja zbunjenosti, očaja ili besa kod drugih ljudskih bića, u Ađilulfu su uvek budila savršenu smirenost i sigurnost. Osećanje da je imun na strahove i nemire kojima su podložni ljudi koji postoje, u njemu je budilo superioran i zaštitnički stav.

– Izvinite – reče Rambaldo – možda je umor. Cele noći oka nisam sklopio, i sada se osećam smetenim. Kada bih mogao da dremnem bar na tren... – Ali sad je već dan. A Vi, pa i Vi ste probdeli celu noć, kako to izdržavate?

– Ja bih bio izgubljen kad bih makar i na tren zadremao – polako reče Ađilulfo – čak više nikada ne bih mogao ni da se pronađem, bio bih zauvek izgubljen. Zato budan provodim svaki trenutak dana i noći.

– Mora da je strašno...

Glas ponovo postade suv, snažan: – Nije.

– A oklop, Vi ga nikada ne skidate sa sebe?

Ponovo poče da mrmlja. – Ne postoji nikakvo „na meni“. Skinuti ili obući za mene nema nikakvog smisla.

Rambaldo podiže glavu i pogleda u prorez na viziru, kao da u toj tmini traži iskru kakvog pogleda.

– Pa kako je to?

– A kako je kad nije tako?

Gvozdena ruka oklopa još uvek je bila položena na mladićevu kosu. Rambaldo je jedva osećao njenu težinu na svojoj glavi, kao da se radi o kakvoj stvari koja mu nije prenosila toplinu ljudske bliskosti – utešiteljsku ili neprijatnu – kakva god bila, a ipak je opominjala, poput nekakve nepopustljivosti koja ga je obuzimala.

III

Karlo Veliki jahao je na čelu franačke vojske. Krenuli su da se približavaju neprijatelju; nije bilo nikakve žurbe; nisu išli brzo. Oko cara su se grupisali paladini, zaustavljajući plahovite konje povlačenjem uzdi; u tom poigravanju i laktanju njihovi srebrni štitovi podizali su se i spuštali poput ribljih škrga. Vojska je ličila na dugačku ribu svu od liske – na jegulju.

Seljani, pastiri, varošani, pritrčali bi do ivice puta: – Eno ga kralj, to je Karlo! – i klanjali bi se do zemlje, prepoznavši ga, više po bradi nego po, ne baš poznatoj, kruni. A onda bi se odmah podizali da prepoznaju ratnike: – Ono je Orlando! Ma ne, ono je Olivijeri! – Nijednog ne bi potrefili, no ionako je bilo svejedno, jer su i ovaj i onaj i svi drugi bili tu, pa su uvek mogli da se zakunu da su videli koga god su želeli.

Ađilulfo bi, jašući u grupi, s vremena na vreme iskočio malo napred, a potom bi se zaustavio da sačeka ostale, okretao bi se unazad da proveri da li je grupa jedinstvena, ili bi se okretao prema Suncu, kao da računa koliko je sati gledajući koliko je ono visoko na horizontu. Bio je nestrpljiv. Samo on, među svima njima, imao je u glavi raspored marševa, odmorišta, i mesto do koga je trebalo stići pre mraka. Ostali paladini, da, krenuli su, brzo ili polako, svejedno je. Pokret, i s izgovorom da je vladar star i umoran behu spremni da se u svakoj krčmi zaustave da piju. Usput ništa drugo nisu ni videli osim oznaka za krčme i stražnjice služavki, tek da bi im dobacili poneki bezobrazluk; ostatak puta, putovali su kao zatvoreni u kakav veliki kovčeg.

Karlo Veliki je još uvek bio najradoznaliji od svih za ono što se unaokolo moglo videti. – Uh, plovke, plovke! – uzvikivao je. Poljem je, uz put, išlo jato plovki. Među tim plovkama beše i čovek, ali nije bilo baš jasno kog je đavola tu tražio; hodao je čučeći, ruku iza leđa, podižući stopala kao kakva plovuša, i izvijajući šiju uzvikivao „Kva... kva... kva...“ Plovke nisu obraćale pažnju na njega, kao da su ga smatrale jednim od svojih. Istinu govoreći, na prvi pogled bilo je teško razlikovati plovke i ovog čoveka, jer je odeća koju je na sebi imao bila mrka kao zemlja (izgledala je skrpljena, najvećim delom, od parčića nekakvog džaka), i na njoj su se videle široke površine sivozelenkaste boje, poput perja plovki, a povrh toga tu su bile i zakrpe, dronjci i mrlje svih mogućih boja, poput šarenih pruga kakve imaju ove ptice.

– Hej ti, zar se tako klanja caru? – povikaše mu paladini, uvek spremni da traže vraga.

Čovek se i ne okrete, ali plovke, uplašene ovim glasovima, odjednom prhnuše i poletaše. Čovek, nosa podignutog uvis, zakasni na tren gledajući ih kako se podižu, a onda raširi ruke, poskoči, i tako poskakujući i mlatarajući raširenim rukama sa kojih su visile froncle od poderotina, smejući se i uzvikujući „Kva! Kva!“ pun radosti, pokuša da sustigne jato.

Tu se nalazilo jedno jezerce. Leteći, plovke se spustiše na površinu vode i, lagano, sklopljenih krila, odmagliše plivajući. Čovek se baci u vodu potrbuške, prskajući na sve strane, mlatarajući, još jednom pokuša da izusti „Kva! Kva!“ koje se pretvori u krkljanje jer potonu, a onda izroni, pokuša da pliva i ponovo potonu.

– Je l' ovaj čuvar plovki? – upitaše ratnici seljančicu koja je dolazila s trskom u ruci.

– Ne, plovke čuvam ja, moje su, on s tim nema nikakve veze, to je Gurdulu' ... – reče seljančica.

– Pa šta radi sa tvojim plovkama?

– Oh, ništa, s vremena na vreme ga tako uhvati, vidi ih, zbuni se, pomisli da je on...

– Poveruje da je i sam plovka?

– Poveruje da je plovka... Znate kakav je Gurdulu': ne pazi...

– Ali, kuda je sada otišao?

Paladini se približiše jezercetu. Gurdulu' se nije video. Plovke, koje su prešle vodeno ogledalo, ponovo počeše da hodaju kroz travu gegajući se. Oko jezerceta, iz paprati, uzdizaše se zvuk žabljeg hora. Čovek iznenada izvadi glavu iz vode, kao da se baš u tom trenu seti da treba da diše. Pogleda izgubljeno, kao da ne shvata šta je taj rub od paprati koji se, na pedalj od njegovog nosa, ogleda u vodi. Na svakom listu paprati sedela je po jedna zelena, sasvim glatka životinja, koja ga je gledala i iz sve snage uzvikivala: – Kre! Kre! Kre!

– Kre! Kre! Kre! – odgovori zadovoljno Gurdulu'. Na njegov glas žabe s paprati skočiše u vodu, a one iz vode skočiše na obalu, dok Gurdulu', uzvikujući – Kre! – i sam skoči, te se nađe na obali, mokar i blatnjav, od glave do pete, skupi se kao kakva žaba, uzviknu jedno – Kre! – tako snažno da, uz prasak trske i trave, ponovo pade u jezerce.

– Da se ne udavi? – upitaše paladini jednog ribara.

– Eee, ponekad se Omobo' zaboravi, izgubi... Da se udavi... ne, neće... Problem je kada završi u mreži s ribama...To mu se dogodilo jednom kad je uzeo da peca... Baci mrežu u vodu, ugleda ribu koja taman da upadne u nju, i toliko se poistoveti s tom ribom da se baci u vodu i sam upadne u mrežu... Znate kakav je Omobo'...

– Omobo'? Zar se ne zove Gurdulu'?

– Mi ga zovemo Omobo'.

– Ali ona devojka...

– Ona nije iz mog sela, može biti da ga u njenom tako zovu .

– A on, iz kog je on mesta?

– Pa, šeta...

Povorka konjanika je prolazila pored krušika. Voće je bilo zrelo. Ratnici su kopljima probadali kruške, ubacivali ih u kljun kacige, a potom bi ogrizak ispljunuli. I, koga ugledaše u nizu, među kruškama? Gurdulu'a-Omobo'a. Stajao je podignutih i, poput grana, sasvim izuvijanih ruku, a u šakama, ustima, na glavi kao i u poderotinama odela držao kruške.

– Vidi ga, izigrava krušku! – veselo reče Karlo Veliki.

– Sad ću da ga otresem? – reče Orlando i tresnu ga.

Gurdulu' pusti da sve kruške odjednom padnu, a one se otkotrljaše niz strmo polje. Videvši ih kako se kotrljaju ne mogaše da se suzdrži, te i sam poče da se, kao kakva kruška, kotrlja poljem... Tako im se izgubi iz vida.

– Izvinite, Vaša Visosti! – reče postariji baštovan – Martinzul ponekad ne razume da njegovo mesto nije među biljkama ili voćem bez duše, već među vernim podanicima Vaše Visosti!

– Ali šta prolazi kroz glavu ovom ludaku koga vi zovete Martinzul? – dobrodušno upita naš car – Čini mi se da prepoznaje samo ono što mu trenutno prođe kroz glavu.

– Šta mi, Vaša Visosti, tu možemo da shvatimo? – stari baštovan govorio je skromno a mudro, kao neko ko je svašta video. – Možda i ne možemo reći da je lud: on samo postoji, a da toga nije ni svestan.

– O, fino fino! Ovaj podanik ovde, koji postoji ali ne zna da postoji, i onaj paladin tamo, koji zna da postoji, a ustvari ga nema. Fini par, nema šta!

Karlo Veliki je već bio star da bi sedeo u sedlu. Osloni se na svoje konjušare i, teško dišući, progunđa: – Jadna Francuska! – i sjaha. Kao na neki znak, čim car spusti stopalo na zemlju, cela vojska se zaustavi i pripremi logor. Pristaviše velike lonce za obrok.

– Dovedite mi ovamo tog Gurgur... Kako se zvaše? – reče kralj.

– U zavisnosti od mesta kojim prolazi – reče mudri baštovan – i hrišćanske ili nevernicke vojske koje sledi, zovu ga Gurdulu' ili Gudi-Jusuf ili Ben-Va-Jusuf ili Ben-Stambul ili Penstanzul ili Bertinzul ili Martinbon ili Omobon ili čovek-zver ali čak i Ružni iz Valone ili Gran Pačaso ili Pjer Pačugo. Događa se da ga na nekom zabačenom majuru zovu sasvim dugačije; osim toga, primetio sam da se njegova imena svugde menjaju u zavisnosti od godišnjeg doba. Moglo bi se reći da imena prelaze preko njega, a da nijedno ne uspeva da mu se prilepi. Što se njega tiče, njemu je svako ime isto. Pozovete ga – on misli da zovete neku kozu; kažete „sir" ili „poplava" – on odgovara: „Ovde sam..."

Dva paladina – Sansoneto i Dudone – pristizahu vukući Gurdulua kao da je džak. Gurnuvši ga, uspraviše ga ispred Karla Velikog: – Skini kapu, životinjo! Zar ne vidiš da stojiš ispred kralja!

Gurduluovo lice se ozari; beše to duguljasto zajapureno lice na kome su se mešala franačka i mavarska obeležja: maslinasta koža istačkana crvenim pegicama; vodenaste, nebo-plave, pomalo zakrvavljene oči iznad pljosnata nosa i ogromnih mesnatih usana; žućkasta ali kudrava kosa, i tu i tamo čekinjava brada. A u kosi, upleteni iverci kestena i klasovi zobi.

Odjednom pade ničice u znak poštovanja i stade da govori bez predaha. Ona plemenita gospoda, koji su ga do tada čula kako ispušta samo životinjske glasove, zapanjiše se. Govorio je veoma brzo, gutajući reči i zaplićući jezikom; katkad se činilo kao da bez prekida prelazi s jednog dijalekta na drugi, ili s jednog jezika na drugi, kako hrišćanskog tako i mavarskog. Uz nerazumljive reči i besmislice, njegov govor je manje-više ovako izgledao: – Dodirujem zemlju nosem, padam i stojim pred Vašim kolenima, ja sam uzvišeni sluga Vašeg poniznog Visočanstva, zapovedite Vam i povinujte mi se! Isuka kašiku koju je držao za pojasom. – ... A kada Vaša Visost uzvikne „Naređujem, komandujem, želim", i ovako učini štitom, ovako kako ja sada činim, vidite li?... i uzvikne ovako kao što ja uzvikujem: „Naređujeeeem, komandujeeem, želiiiim!" svi vi, pseći podanici, morate mi se pokoriti, ili ću narediti da vas nataknu na kolac, a pre svih tebe tamo, sa tom bradom i tim licem izlapelog starca!

– Treba li odmah da mu odrubim glavu, gospodaru? – upita Orlando, i već isuka mač.

– Molim milost za njega, Visočanstvo – reče baštovan – bila je to jedna od njegovih uobičajenih omaški: obraćajući se kralju, zbunio se, i više nije mogao da se seti da li je on sam kralj, ili onaj kome je govorio.

Iz velikih lonaca koji su se pušili dopirao je miris hrane.

– Dajte mu jednu veliku porciju supe! – blago reče Karlo Veliki.

Kreveljeći se, klanjajući i pričajući nešto nerazumljivo, Gurdulu' se povuče pod jedno drvo da jede.

– Šta sad radi?

Upravo je gurnuo glavu u porciju položenu na zemlju, kao da je hteo da uđe u nju. Dobri baštovan ode i protrese ga za rame. – Kad ćeš već jednom shvatiti, Martinzul, ti treba da jedeš supu, a ne supa tebe! Zar se ne sećaš? Treba kašikom da je staviš u usta ...

Gurdulu' poče halapljivo da gura kašiku u usta. Trpao je kašiku tako žestoko da je nekoliko puta promašio cilj. U drvetu ispod kojeg je sedeo nalazilo se udubljenje, upravo u visini njegove glave. Gurdulu' poče da trpa kašike supe u šupljinu na deblu.

– Nisu to tvoja usta! To su usta drveta!

Ađilulfo je još od početka, pažljivo ali pomalo nelagodno, pratio pokrete ovog mesnatog debeljka, koji kao da se dokotrljao među stvari koje postoje, zadovoljan poput ždrebeta koje hoće da se počeše po leđima; i od toga je osećao neku vrstu vrtoglavice.

– Viteže Ađilulfo! – kaza Karlo Veliki – Znate li šta ću vam reći? Dodeljujem vam onog čoveka za štitonošu! A? Zar nije dobra ideja?

Paladini se ironično zakikotaše. Ađilulfo, koji je sve ozbiljno shvatao (a posebno izričitu carsku naredbu) obrati se novom štitonoši da bi mu izdao prva naređenja, ali Gurdulu' je, smazavši supu, pao i zaspao u senci onog drveta. Ispružen na travi, hrkao je otvorenih usta, a grudi, trbuh i utroba podizahu mu se i spuštahu kao kovački meh. Masna se porcija otkotrlja do njegovog velikog bosog stopala. Jedan se jež, možda privučen mirisom, kroz travu približi porciji, i poče da liže preostale kapljice supe. Čineći to, gurao je bodlje u goli Gurduluov taban, i išao sve dalje prelazeći majušni potok od supe. Tada skitnica otvori oči: pređe pogledom unaokolo, ne shvatajući odakle dolazi taj bol koji ga je probudio. U travi ugleda svoje golo stopalo, poput smokvinog lista, a pored stopala – ježa.

– O, stopalo – stade da govori Gurdulu' – stopalo, hej, tebi govorim! Šta si se tako ukopalo, kao neka budala? Zar ne vidiš da te ta životinja bišti? Hej, stopaloooo! O, budalo! Što se ne okreneš ovamo? Zar ne osećaš da te boli? Glupo jedno stopalo! A tako ti malo treba, treba samo ovako malo da se pomeriš! Kako neko samo može da bude tako glup! Stopaloooo! Saslušaj me! Vidi ti njega kako dopušta da ga onaj masakrira! Povuci se ovamo, idiote! Kako da ti objasnim? Slušaj pažljivo: vidi kako ja to radim, sad ću ti pokazati šta treba da uradiš.. – I tako govoreći savi nogu, povuče stopalo k sebi i odvoji ga od ježa. – Eto: bilo je tako jednostavno, čim sam ti pokazao kako se to radi, i ti si uspeo. Glupo stopalo, što si tako dugo trpelo da te bode?

Protrlja bolni taban, poskoči, stade da zvižduće, potrča, baci se u žbunje, prdnu, pa opet prdnu, i... nestade.

Ađilulfo pođe, kao da htede da ga pronađe, ali... kud nestade? Pred Ađilulfom se otkri dolina izbrazdana gustim poljima zobi, živicama planike i kozjaka, dolina preko koje je prošao vetar pun polena i leptira, a gore, na nebu lahor belih oblaka. Gurdulu' je nestao tu negde, na tom obronku po kome Sunce, kružeći, crta pokretne mrlje senki i svetlosti; mogao je biti bilo gde na ovoj ili nekoj drugoj padini.

Odnekud se začu rđavo intonirana pesma: – *De sur les ponts de Bayonne...*

Beli Ađilulfov oklop, visoko, nad obronkom doline, prekrsti ruke na grudi.

– Dakle, kada novi štitonoša stupa u službu? – prozvaše ga kolege.

Mahinalno, glasom bez ikakve intonacije, Ađilulfo izjavi: – Verbalna izjava cara ima vrednost neposredne naredbe.

– *De sur les ponts de Bayonne...* – još uvek se čuo sve udaljeniji glas.

IV

U doba u kojem se odigrava ova priča stanje stvari u svetu još je bilo zbrkano. Nije bilo retko da čovek naleti na imena, misli, oblike i institucije koje nisu saglasne ni sa čim postojećim. S druge strane, svet je pulsirao predmetima, moćima i ljudima koji nisu imali ime, niti su se razlikovali od ostatka sveta. Beše to doba u kome volja i upornost da se postoji, da se ostavi trag, da se bude u neskladu sa svim postojećim, nisu u potpunosti korišćeni, s obzirom da mnogi u vezi sa tim nisu ništa činili – zbog bede ili neznanja, ili stoga što im je svejedno, sve odgovaralo – te se tako izvesna količina te volje uludo gubila. Možda se ipak, u jednom trenutku, ta razređena volja i svest o sebi tako zgusnula, da se pretvorila u grudvicu (kao što se sitna, neprimetna vodena prašina kondenzuje u pahulje oblaka), te ta gužvica, slučajno ili instinktivno, nalete na nekakvo ime ili na neku lozu – kakvih je u to doba bilo mnogo upražnjenih – na vojnički čin, skup zaduženja koja treba obaviti ili skup ustanovljenih pravila; a posebno na jedan prazan oklop, jer bez njega, u to vreme, čak i čovek koji postoji rizikuje da nestane, a kamoli neko ko ne postoji... Tako je počeo da dela i sebi pribavlja slavu Ađilulfo od Gvildivernijevih.

Ja koja kazujem ovu priču jesam Sestra Teodora, monahija reda San Kolombano. Pišem u manastiru, izvodim zaključke na osnovu starih spisa, neobaveznih razgovora koje sam slušala po manastirskim sobama i pokojeg retkog svedočenja ljudi koji ovde žive. Mi, monahinje, imamo malo prilike da razgovaramo sa vojnicima: ono što ne znam pokušavam da zamislim. A i kako bih drugačije? I nije mi baš sve u toj priči jasno. Nemojte mi zameriti: mi, devojke sa sela, iako plemenitog porekla, uvek smo živele povučeno, prvo u zabačenim zamkovima a potom u manastiru; osim dužnosti koje nam nalaže vera, trodnevnog i devetodnevnog čitanja molitvi, radova u polju, vršidbi, žetvi, bičevanja slugu, rodoskvrnuća, požara, vešanja, vojnih opsada, haranja, silovanja, epidemija kuge, drugo ništa nismo ni videle. Šta može o svetu da zna jedna jadna monahinja? Dakle, s mukom nastavljam ovu priču koje sam se prihvatila da pripovedam u znak pokajanja. Sad, sam Bog zna kako ću borbu da vam opišem ja, koja sam od rata, da nas Bog sačuva, uvek bila daleko, i osim onih četiri-pet okršaja u polju, koji su se odigrali na zaravni ispod našeg zamka, a koje smo, dok smo još bile devojčice, pratile kroz puškarnice pored velikih kazana ključalog katrana (koliko je samo mrtvih, nepokopanih, posle toga ostajalo da truli po poljima, pa bismo ih, sledećeg leta, pronalazile kako leže pod oblakom stršljena) – o borbama, rekoh, ja ne znam ništa.

Ni Rambaldo o tome nije ništa znao. Iako ni o čemu drugom, u svom mlađanom životu, nije razmišljao, tek je ovo bilo njegovo vatreno krštenje. Čekao je znak za napad, tamo u redu, na konju, ali nije osećao nikakvo zadovoljstvo. Isuviše je stvari na sebi imao: gvozdeni oklop sa štitnikom za vrat i ramena, kacigu s vrapčijim kljunom kroz koji je jedva uspevao da vidi napolje, preko oklopa postavljeni ogrtač, zatim štit veći od njega, koplje – koje, svaki put kad se okrene, po glavi udari nekog od drugara – a ispod sebe konja koji se uopšte nije video od gvozdene podsedlice koja ga je prekrivala.

Beše ga već prošla želja da krvlju argalifa Izoara osveti očevo ubistvo. Gledajući nekakve mape, na kojima su bile označene sve vojne formacije, rekoše mu: – Kad začuješ zvuk trube, ti kreni pravo u galop i napadaj sve dok ga ne probodeš. Izoar se uvek bori ovde, u ovom delu, i ako ne skreneš, sigurno ćeš na njega naleteti; osim ako se cela vojska ne rasturi, što se obično nikad ne događa pri prvom napadu. O Bože, uvek dođe do nekog malog skretanja, ali ako ga i ne probodeš ti, budi siguran da će ga probosti onaj pored tebe. Rambalda, ako stvari tako stoje, ništa više nije ni interesovalo.

Kašalj beše znak da je borba otpočela. Tamo dole, ugleda žutu prašinčinu kako se približava, a onda se još jedna prašinčina podiže sa zemlje, jer su i konji hrišćana jurnuli galopom. Rambaldo poče da kašlje; i cela carska vojska stade da kašlje, zarobljena u oklope, i tako uz kašalj i topot jurnu prema prašinčini nevernika... već se u blizinu začu saracenski kašalj. Dva kašlja se spojiše: celo polje se zatrese od kašlja i udaraca kopalja.

Umeće pri prvom sudaru ne sastoji se toliko u tome da nekoga probodeš (jer rizikuješ da polomiš koplje o nečiji štit ili da, u brzini, i sam poljubiš zemlju) koliko da iz sedla izbaciš protivnika zabivši mu, u određenom momentu, koplje između zadnjice i sedla i... hop! Karakola! Može da se desi da ti to i ne pođe za rukom jer, kad je koplje okrenuto nadole, lako može da naleti na neku prepreku, ili da se zabije u zemlju i da te poput poluge izbaci iz sedla kao iz katapulta. Dakle, u sudaru prvih borbenih linija lete u vazduh ratnici koji čvrsto drže svoja koplja. A kako je bočno pomeranje veoma teško, pošto kopljem ne možeš ni da mrdneš a da ne udariš u rebra prijatelja ili neprijatelja, stvara se takva gungula da više nikome ništa nije jasno. Tada, isukanih mačeva, u galopu, nastupaju prvaci koji imaju dobre šanse da, snažnim udarcima oštricom mača, poseku tu gungulu.

I tako, sve dok se, jedni naspram drugih, štitom na štit, ne nađu prvaci neprijateljskih tabora. Otpočinju dvoboji, ali kako je tlo već puno strvina i leševa, teško se kreće, a donde dokle ne može da se dopre, pljušte uvrede. Tu je odlučujući stepen i intenzitet uvrede, jer u zavisnosti od toga da li je uvreda smrtna, krvava, nepodnošljiva, osrednja ili laka, traže se različite zadovoljštine, pa se ljute mržnje prenose čak i na potomke. Dakle, bitno je razumeti se, što i nije bilo tako jednostavno kada je reč o Mavarima i hrišćanima, uzimajući u obzir razne mavarske i hrišćanske jezike. I, ako do tebe dopre uvreda koju nisi u stanju da dešifruješ, šta ti preostaje? Treba da se uzdržiš ili da ostaneš obeščašćen za ceo život. Stoga u ovoj fazi borbe učestvuju prevodioci, brza, lako naoružana trupa, na mršavim konjićima, koja se naokolo muva, i hvatajuću uvrede u letu, na brzinu ih prevodi na jezik primaoca.

– Khar as-Sus!
– Bedno govno!
– Mushrik! Sosz! Mozo! Escalvao! Marrano! Hijo de puta! Zabalkan! Govna!

Obe strane su se prećutno dogovorile da nema potrebe da se ovi prevodioci ubijaju. Uostalom, bili su brzi, i u takvoj situaciji, kada nije lako ubiti ni teškog ratnika na krupnom konju, koji na jedvite jade uspeva da pomakne kopita od težine natovarenog oklopa, zamislite tek kako je teško pogoditi ova skakutala. Ali zna se: rat je rat i, s vremena na vreme, poneko tu i završi, a ovi su, s izgovorom da znaju da kažu „kurvin sine" na par jezika, sigurno morali da imaju nekakvu svoju računicu za takav rizik. Na bojnom polju, kad je čovek spretne ruke, uvek može svašta zgodno da sakupi, posebno ako stigne u pravi čas, pre no što se spusti veliko jato pešadije koja drpi sve čega se dotakne.

U sakupljanju stvari, oniži pešadinci izvuku najbolji deo, ali konjanici ih, iz svog sedla, u pravi čas zbune mlatnuvši ih pljoštimice, i sve im pokupe. Kad kažem stvari, ne mislim toliko na ono što se sa mrtvih strgne (jer svući mrtvaca je posao koji zahteva posebnu koncentraciju) već na one stvari koje se pogube. Običaj je da se u bitku krene pod punom konjskom opremom, pa već pri prvom okršaju hrpa rasparenih predmeta popada po zemlji. Ko će tada da misli na bitku? Velika je borba dok se sve to pokupi; a uveče, po povratku u logor, trampi se i cenjka. Obrni okreni, uvek iste stvari prelaze iz jednog logora u drugi, i iz jednog u drugi puk istog logora. A i šta je rat nego prenošenje sve ulubljenijih stvari iz ruke u ruku?

Rambaldu se sve sasvim drugačije događalo od onoga što su mu kazali. Svom snagom krete kopljem u napad, uznemiren i ustreptao zbog okršaja dve čete. Samo da se susretnu i... susretoše se; ali sve je izgledalo proračunato, jer svaki konjanik je prošao kroz prazan prostor između dva neprijatelja, i ne okrznuvši ih. Izvesno vreme dve čete nastaviše da jure svaka u svom pravcu, naizmenično okrećući leđa jedna drugoj, a onda se okrenuše, pokušaše da se sudare, ali nalet već beše prošao. Ko tu sad da nađe argalifa Izoara? Rambaldo se, štitom na štit, sukobi s jednim, kao bakalar tvrdim Saracenom. Izgledalo je da ni jedan od njih nema nameru da pusti onog drugog da prođe: gurali su se štitovima dok su se konji kopitama odupirali o zemlju.

Saracen, bledunjava lica kao od gipsa, progovori.

– Prevodioče! – uzviknu Rambaldo – Šta kaže?

Dokaska jedan od tih zgubidana. – Kaže ti da ga pustiš da prođe.

– Ne, taman posla!

Prevodilac prevede; ovaj drugi uzvrati.

– Kaže da zbog službe mora da nastavi dalje, u protivnom bitka neće teći po planu...

– Pustiću ga da prođe ako mi kaže gde se nalazi argalif Izoar!

Saracen, vičući nešto, pokaza ka jednom brdašcu, a prevodilac će: – Tamo, na onoj uzvišici, levo! – Rambaldo se okrete i krenu u galop.

Argalif, u zelenom plaštu, stoji i posmatra horizont.

– Prevodioče!

– Tu sam.

– Reci mu da sam ja sin markiza Rosiljonea i da stižem da osvetim svog oca.

Prevodilac prevede. Argalif podiže ruke.

– A, ko je to?

– Ko je moj otac? Ovo je tvoja poslednja uvreda! – Rambaldo isuka mač. Argalif učini isto. Bio je dobar mačevalac. Rambaldo shvati da je rđavo počeo kada ih, sav zadihan, prekide onaj Saracen gipsana lica od maločas, vičući nešto.

– Zaustavite se, gospodine – na brzinu prevede prevodilac – Izvinite, zbunio sam se: argalif Izoar je na brdu s desne strane! Ovo je argalif Abdul!

– Hvala! Častan ste čovek! – reče Rambaldo i odmakavši konja, kopljem pozdravi argalifa Abdula i galopom krete ka drugom brdašcu.

Na vest da je Rambaldo markizov sin, argalif Izoar reče: – Kako? – Morali su da mu više puta glasno ponove na uvo.

Napokon klimnu glavom i podiže mač. Rambaldo se ustremi na njega. Ali dok su ukrštali mačeve Rambaldo posumnja da ni ovo nije Izoar, te se njegova žestina malo smanji. Pokuša da je povrati, ali što se više trudio, sve je manje bio siguran u identitet svog neprijatelja.

Ova nesigurnost za njega bi fatalna. Mavar mu je sve više bio za petama, kada tu, uz njihov bok, otpoče veliki okršaj. Jedan muhamedanski oficir koji se nalazio u samom središtu gužve, iznenada kriknu.

Na taj krik Rambaldov protivnik podiže štit kao da traži predah, i nešto odgovori.

– Šta je rekao? – upita Rambaldo prevodioca.

– Rekao je: Da, argalife Izoare, odmah ti donosim naočare!

– A, znači nije on!

– Ja sam – objasni protivnik – nosač naočara argalifa Izoara. Naočare su, hrišćanima još uvek nepoznata sprava, izvesna uveličavajuća stakla koja ispravljaju vid. Izoar je kratkovid, te je primoran da ih nosi u borbi, ali pošto su od stakla, pri svakom napadu razbije po par. Ja sam zadužen da mu donosim nove. Stoga Vas molim da prekinemo dvoboj, jer će u protivnom argalif, tako slabog vida, izući deblji kraj.

– Aha, nosač naočara! – huknu Rambaldo, ne znajući da li da ga od besa raspori ili da pohita ka Izoaru. Ali kakva bi veština bila da se bori protiv slepog neprijatelja?

– Morate me pustiti da odem, gospodine – nastavi nosač naočara – planom borbe je dogovoreno da se Izoar drži u dobrom zdravlju, a on je izgubljen ako ne vidi! – i vitlajući naočarima doviknu – Evo, argalife, stižu naočare!

– Ne – reče Rambaldo, tupo udari sabljom po staklima, i polomi ih.

Istog časa, kao da zvuk sočiva koja se raspukoše u paramparčad za njega beše znak da je propao, Izoar nalete pravo na jedno hrišćansko koplje.

– Sada njegovom vidu – reče nosač naočara – više nisu potrebna sočiva da bi gledao hurije Raja – pa pobode konja i ode.

Argalifov leš, izbačen iz sedla, ostade nogama zakačen za uzengije, i konj ga je vukao sve dalje i dalje – sve do Rambaldovih nogu.

Uzbuđenje što na zemlji vidi mrtvog Izoara, suprotstavljene misli koje su mu se motale po glavi, trijumf što napokon može da kaže da je osvetio krv svoga oca, sumnja u to da se osveta može smatrati obavljenom prema pravilima (pošto je argalifa usmrtio slomivši mu naočare), zbunjenost što se odjednom našao bez cilja koji ga je dovde doveo – sve to u njemu potraja samo tren. A onda, kao da dobi krila, oseti samo neverovatnu lakoću što se, bez misli koja mu nije davala mira, ponovo obreo usred bitke, što može da trči, da gleda oko sebe...

Do tada usredsređen samo na ideju da ubije argalifa, nije obraćao pažnju na borbena naređenja, čak nije ni razmišljao da li nekakva naredba uopšte i postoji. Sve mu se činilo novim i kao da ga tek sad sustigoše uzbuđenje i strahota. Teren je svuda unaokolo bio prepun mrtvih. Sručivši se na zemlju u svojim oklopima, ležali su u nesuvislim položajima, u zavisnosti od toga kako su se oklopi za bedra i laktove, ili ostali gvozdeni delovi rasporedili u gomilu, katkad držeći uzdignute ruke ili noge u vazduhu. Teški panciri ponegde behu i probijeni i iz njih se izlivalo ono što se u njima nalazilo, kao da tu nisu bila ljudska tela već su u njih samo nasumice ubačeni unutrašnji organi da iscure pri pojavi prve pukotine. Ovaj krvavi prizor ganu Rambalda: zar je zaboravio da je ove omotače pokretala i snagu im davala topla ljudska krv? Svima, osim jednom. Možda mu se činilo da se neuhvatljiva priroda viteza u belom oklopu proširila na čitavo polje?

Pobode konja. Beše nestrpljiv da se suoči sa živima, prijateljima ili neprijateljima, svejedno.

Obreo se u jednoj maloj dolini: pustoj, ako se izuzmu mrtvi i muve koje su nad njima zujale. Borba je zamrla, ili se rasplamsala na sasvim drugom kraju polja. Rambaldo je jahao znatiželjno gledajući oko sebe. Kad najednom, evo topota konjskih kopita... na rubu brežuljka pojavi se ratnik na konju. Saracen! Gleda unaokolo, brzo povuče uzde i pobeže. Rambaldo pobode konja, pođe za njim. Sad je i on na brežuljku; tamo, u polju, ugleda Saracena kako galopira i na mahove nestaje iza žbunova lešnika. Rambaldov konj je zapeta strela: kao da je samo čekao priliku da pojuri. Mladić je zadovoljan: konačno, ispod te ljušture bez duše, konj jeste konj, a čovek-čovek. Saracen skreće udesno. Zašto? Rambaldo je sada siguran da će ga sustići. Ali, evo, sa desne strane još jedan Saracen iskače iz šipražja i preseca mu put. Oba nevernika se okreću, kreću na njega. Zaseda! Rambaldo se baca napred s podignutim mačem i uzvikuje: – Kukavice!

Ovaj drugi napada: crni dvorogi šlem – kao stršljen. Mladić odbija udarac i sam udara pljoštimice o njegov štit, ali konj odskače u stranu; tu je i onaj od malopre koji ga pritiska izbliza, pa Rambaldo sad mora da koristi i štit i mač, a stežući kolenima bokove konja tera ga da se okreće u mestu. – Kukavice! – uzvikuje, i pravi je to bes, i bitka je prava žestoka borba, a rasipanje snage dok pazi na dva neprijatelja jeste prava bolna slabost u kostima i krvi, i možda će Rambaldo umreti, sada kada je siguran da svet postoji, i ne zna da li je umreti sada više ili manje tužno.

Obojica su mu za vratom. Uzmiče. Čvrsto drži balčak kao da je za njega prilepljen: ako mač izgubi – izgubljen je. Kad, baš u tom odsudnom trenutku, začu galop. Na ovaj zvuk, kao na zvuk doboša, oba neprijatelja istovremeno se odvojiše od njega. Uzmičući, zakloniše se podignutim štitovima. Rambaldo se okrete: s boka ugleda viteza s hrićanskim oružjem koji je preko pancira nosio postavljeni ogrtač plavoljubičaste boje. Čelenka sa dugačkom perjanicom iste plavoljubičaste boje, vijorila se na vetru. Brzo kružeći lakim kopljem držaše Saracene na odstojanju.

Sada se Rambaldo i nepoznati vitez nađoše bok uz bok. Onaj nepoznati vitez neprestano vitla mačem. Jedan od dvojice neprijatelja pokušava da napravi fintu

– hteo bi da mu iz ruke izbaci koplje. Ali tada plavo-
ljubičasti vitez obesi koplje o kuku na oklopu i dohva-
ti se kratkog mača. Ustremi se na nevernika – otpoče
dvoboj. Rambaldo se, videvši s kakvom lakoćom ne-
poznati pomagač rukuje kratkim mačem, skoro zabo-
ravi i zastade da ga posmatra. Ali, samo na tren; po-
tom se ustremi na drugog neprijatelja; sukobiše se
štitovima.

Tako se pridružio plavoljubičastom. I svaki put ka-
da bi se neprijatelji, posle neuspešog napada, povukli,
jedan bi, uz brzu promenu, otpočinjao borbu protiv
onog drugog, pa su ih tako zbunjivali različitim vešti-
nama. Boriti se pored prijatelja mnogo je lepše nego
boriti se sam; tako se međusobno hrabri i teši, a ose-
ćanje da imaš neprijatelja, kao i ono da imaš prijatelja,
stapaju se i postaju jedinstveni žar. Rambaldo, da bi se
ohrabrio, često ponešto dovikne onom drugom; ovaj
ćuti. Mladić shvati da u borbi treba štedeti dah, pa i
sam ućuta; ali, pomalo mu bi žao što ne čuje glas dru-
ga.

Borba postaje sve intenzivnija. Evo, sad plavolju-
bičasti vitez iz sedla izbaci svog Saracena; ovaj, bez
konja, beži u šipražje. Drugi se ustremljuje na Ram-
balda, ali u naletu lomi sablju; i on, iz straha da ne bu-
de zarobljen, okreće konja i beži.

– Hvala, brate – kaže Rambaldo svom pomagaču,
otkrivajući lice – spasao si mi život! – i pruža mu ru-
ku. – Moje ime je Rambaldo od vitezova iz Rosiljo-
nea, bakalaureus.

Plavoljubičati vitez ne odgovara: ne govori svoje
ime, ne prihvata ispruženu Rambaldovu desnicu, niti
otkriva lice. Mladić pocrvene. – Zašto mi ne odgovo-
riš? – Kad, ovaj okrete konja i odjuri. – Viteže, iako ti
dugujem život, ovo smatram smrtnom uvredom! –
uzvikuje Rambaldo, ali plavoljubičasti je već daleko.

Svest o nepoznatom pomagaču, nemo zajedništvo
rođeno u borbi, bes zbog neočekivane grubosti, znati-

želja koju je probudila ova misterija, kao i pobedom tek smirena žestina, odmah potražiše nove izazove i, evo Rambalda kako podbada konja i prati plavoljubičastog viteza uzvikujući: – Platićeš mi za ovu uvredu, ko god da si!

Podbada, podbada, ali konj se ne pomera. Povuče ga za njušku. Njuška pade. Prodrma ga sedlom. Zaljulja se poput drvenog konja. Potom sjaha. Podiže gvozdeni oklop za njušku i ugleda belo oko: mrtav je. Udarac saracenskog mača, koji je prodro izmedju dve pločice na podsedlici, pogodio ga je u srce. I ranije bi se strovalio na zemlju da ga gvozdeni omotači oko kopita i bedara nisu držali uspravno, kao da je tu, korenom pričvršćen za jednu tačku. Bol zbog ovog vrednog ata (koji je umro na nogama pošto ga je sve do tada verno služio) u Rambaldu na tren pobedi prethodni bes: ščepa za vrat konja, nepokretnog poput kakve statue, i poljubi ga u hladnu njušku. Potom se strese, obrisa suze i potrča.

Ali kuda je mogao da pođe? Nađe se na obali šumskog potoka, te potrča nesigurnim stazama na kojima ne beše znakova borbe. Tragovi nepoznatog ratnika se izgubiše. Rambaldo nastavi nasumice, sada već svestan da mu je umakao, i dalje razmišljajući: „Naći ću ga ja, pa makar otišao i na kraj sveta!"

Sada ga je, posle onako žarkog jutra, najviše morila žeđ. Spuštajući se prema šljunkovitoj obali potoka da se napije vode, ču zvuk lisnatog granja: lako vezan za žbun lešnika, neki konj je brstio poljsku travu, oslobođen najtežih pločica svoga oklopa, koje stajahu kraj njega. Nema sumnje: beše to konj nepoznatog viteza, pa i vitez nije mogao da bude daleko! Rambaldo se baci u trsku da ga traži.

Stiže do šljunkovite obale, promoli glavu kroz lišće: ratnik beše tamo. Glava i gornji deo tela još uvek mu behu u neprobojnom oklopu i kacigi; ličio je na kakvog ljuskara; ali, skinuo je oklop za bedra, kolena i listove i, sve u svemu, bio je nag od pojasa nadole i bosonog trčao po kamenju potoka.

Rambaldo ne poverova sopstvenim očima. Jer, ta nagost beše nagost žene: ravan trbuh okićen zlaćanim perjem, obla ružičasta zadnjica, devojački izdužene noge. Ova polovina devojke (polovina ljuskara sada se činila još neljudskijom i neizražajnijom) okrete se oko sebe, potraži zgodno mesto, stavi jedno stopalo na jednu, a drugo na drugu stranu potočića, povi kolena na koja osloni ruke s gvozdenim oklopima, ispruži napred glavu a pozadi zadnjicu, i mirno i gordo stade da piški. Beše to žena skladnih oblina, nežnog paperja i ljupkog mlaza. Rambaldo se odmah ludo u nju zaljubi.

Mlada ratnica se spusti do obale, približi se vodi, i zapra se naježivši se malo, te lakim skokom golih ružičastih stopala potrča gore. I baš tada ugleda Rambalda kako je, kroz trsku, kriomice posmatra. – *Schweine Hund!* – uzviknu i izvadi bodež koji joj stajaše za pojasom, te pođe na njega, ali ne kao neko ko je, poput nje, vičan rukovanju oružjem, već ljutitim zamahom razbesnele žene koja muškarca gađa u glavu tanjirom, metlom ili bilo čime drugim što joj dođe pod ruku.

U svakom slučaju, za dlaku promaši Rambaldovo čelo. Mladić se, postiđen, povuče. Ali odmah potom požele da joj se predstavi i otkrije joj svoju ljubav. Začu topot konjskih kopita; otrča do polja; tu više ne beše konja; nestala je. Sunce se spuštalo. Tek tada shvati da je prošao ceo dan.

Umoran, bez konja, isuviše zbunjen svim onim što mu se dogodilo da bi bio srećan, ali i suviše srećan da bi shvatio da je prethodnu uznemirenost zamenio još bolnijom uznemirenošću, vrati se u logor.

– Znate, osvetio sam oca, pobedio sam, Izoar je pao, ja ... – pričao je zbrkano, isuviše brzo, jer je nešto sasvim drugo želeo da ispriča – ...borio sam se protiv dvojice... jedan vitez mi je pritrčao u pomoć...

40

onda sam shvatio da to nije vojnik, bila je to žena, veoma lepa, ne znam kakvo joj je lice, ispod oklopa ima plavoljubičastu suknju...

– Aha-ha-ha! – smejuljili su se drugovi iz šatora, zaokupljeni razmazivanjem lekovitih masti po modricama koje su im prekrivale grudi i ruke, uz užasan smrad znoja koji se javljao svaki put kada bi se, posle bitke, skinuli oklopi. – Jado, ti s Bradamante hoćeš da se nosiš! Jes, ona baš tebe hoće! Ona uzima ili generale ili konjušarske pomoćnike! Nećeš je uhvatiti, pa makar joj stavio soli na rep!

Rambaldo ne mogaše više ni reč da izusti. Sunce je zalazilo, on izađe iz šatora i upita se: „Šta će sa mnom biti sutra kada Sunce opet bude zalazilo? Hoću li proći iskušenje? Hoću li potvrditi da sam čovek, utisnuti trag hodajući zemljom?" Evo, ovo je, u odnosu na juče, sutrašnji zalazak, i prva iskušenja, prevaziđena, već više nemaju nikakvog značaja; novo iskušenje neočekivano je i teško, i samo u njemu je mogla biti ta potvrda. Ovako nesiguran Rambaldo požele, ni sam ne znajući zašto, da se poveri vitezu u belom oklopu, jedinom koji bi mogao da ga razume.

V

Ispod moje ćelije nalazi se manastirska kuhinja. Dok pišem, čujem zveckanje tanjira od bakra i kalaja: sestre koje rade u kuhinji upravo ispiraju posuđe naše mršave manastirske trpeze. Meni je predstojnica dodelila zadatak drugačiji od njihovog – da pišem ovu priču – ali svi manastirski napori, kako god bili shvaćeni, imaju jedan jedini cilj: duševno zdravlje. Juče sam pisala o bici, i od zveckanja lavora za pranje posuđa pričini mi se da čujem koplja koja se sudaraju sa štitovima i pancirima, i kako odzvanjaju šlemovi po kojima udaraju teški mačevi; odande, iz dvorišta, do mene dopiru udarci razboja sestara-tkalja, a meni liče na topot konjskih kopita u galopu; i tako, ono što moje uši čuju, moje sklopljene oči pretvaraju u vizije, a mukle usne u reči, dok se pero ustremljuje na beli list hitajući da ih sustigne.

Danas je možda vazduh topliji, miris kupusa jači, moj um više lenj nego obično, pa od buke koju stvaraju sudopere ne uspevam da odem dalje od kuhinje franačke vojske: vidim ratnike u redu ispred velikog vojničkog lonca koji se puši, neprestano lupkanje vojničkih porcija i zveckanje kašika, udarce kutlača o rubove posuda, uporno grebanje po dnu velikih praznih lonaca punih taloga... a taj prizor i taj miris kupusa isti su u svakom puku – normanskom, anžujskom, burgundskom.

Ako se snaga neke vojske meri bukom koju ona stvara, onda se zvuk franačke vojske zaista prepozna-je kad dođe vreme obroka. Odzvanja dolinama i polji-ma, sve dok se ne pomeša sa odjekom koji dopire iz vojničkih lonaca nevernika. U isti čas i neprijatelj je zaokupljen proždiranjem te gadne čorbe od kupusa. Jučerašnja bitka nije tako odzvanjala. Nije ni stvarala toliki smrad.

Dakle, ništa mi drugo ne preostaje nego da junake svoje priče zamislim oko kuhinje. Vidim Ađilulfa ko-ji se pomalja kroz dim, nagnut nad vojničkim loncem i, neosetljiv na miris kupusa, upućuje prekore kuvarima alvernijskog puka. A evo, pojavljuje se i Rambaldo, trčeći.

– Viteže! – kaže, još uvek zadihan. – Konačno sam vas pronašao! To je zato što ja... shvatate... želim da postanem paladin! Juče, u borbi osvetio sam... u okr-šaju... potom sam ostao sam, s dvojicom protiv... za-seda... a onda ... sve u svemu – sada znam šta znači boriti se. Želeo bih da mi u borbi bude dodeljeno naj-opasnije mesto... ili da krenem u neki poduhvat i pro-slavim se... za našu svetu veru... da spasavam žene, bolesne, stare, slabe... Vi mi možete reći...

Pre nego što se okrete, Ađilulfo mu ostade na tren okrenut leđima, kao da htede da istakne nelagodnost što je prekinut u ispunjenju jednog od svojih zaduže-nja; a onda, okrenuvši se, biranim rečima otpoče ne-vezan govor, u kome je obaveštavao o zadovoljstvu što je, malo-pomalo, ovladao temom koja mu je pred-ložena, kao i to da će je stručno i podrobno proučiti.

– Prema onome što mi govoriš, kao da smatraš da se naš položaj paladina sastoji jedino u tome da bude-mo ovenčani slavom, bilo u borbi na čelu trupa, bilo u odvažnim ličnim podvizima, pri čemu ove poslednje treba shvatiti kao odbranu naše svete vere, ili pak kao pomoć ženama, starima, bolesnim... Jesam li dobro shvatio?

– Da.

– Eto: u stvari sve ovo što ste naveli jesu aktivnosti koje se odnose posebno na korpus naših odabranih oficira, ali... – i tu se Ađilulfo tiho osmehnu, beše to prvi put kako ga Rambaldo ču da se smeje kroz beli štitnik za grlo, i beše to, istovremeno, ljubazan i sarkastičan osmeh –... ali nisu jedine. Ako želiš, biće mi lako da ti, jedno po jedno, nabrojim zaduženja za koje se nadmeću Obični paladini, Paladini prve klase, Paladini višeg reda...

Rambalo ga prekide: – Dovoljno mi je da sledim Vas, i da Vas uzmem za primer, viteže.

– Znači, radije ćeš doktrini pretpostaviti iskustvo: prihvata se. E pa, danas, kao i svake srede, imam zaduženje Inspektora za red pri Intendantskoj službi vojske. U tom svojstvu, idem da kontrolišem kuhinje pukova iz Alvernije i Poatua. Ako pođeš sa mnom, moći ćeš, malo-pomalo, da stekneš iskustvo u ovoj delikatnoj oblasti službe.

To nije bilo ono što je Rambaldo očekivao, te ostade malo pogođen. Ali, kako nije želeo da odustane, napravi se da pažljivo prati ono što Ađilulfo radi i govori glavnim kuvarima, podrumarima i sudoperama, još uvek se nadajući da je to samo pripremni ritual, pre nego što se baci na neki blistavi posao koji se tiče oružja.

Ađilulfo je brojao, a onda opet iznova prebrojavao kako su podeljene životne namirnice, obroci čorbe, brojao je porcije koje je trebalo napuniti, sadržaje velikih vojničkih lonaca. – Znaj da je najteža stvar u komandovanju vojskom – objasni Rambaldu – izračunati koliko porcija supe sadrži vojnički lonac. Računica se nikako ne slaže. Ili preostaju porcije za koje se ne zna gde završavaju, niti kako treba da ih u spisku označiš ili – ako smanjiš količinu – nedostaju, pa se onda odmah javi nezadovoljstvo u trupi. Istina je da pored svake vojne kuhinje postoji uvek red odrpanaca, bednih starica i bogalja koji dolaze da pokupe ostatke. I to, razume se, stvara veliki nered. Da bih pokušao to malo da razjasnim, propisao sam da svaki puk, uz spisak brojnog stanja svoje jedinice, prikaže i imena siromaha koji obično staju u red za obrok. Na taj način će se za svaku porciju čorbe znati gde je završila. Evo sada bi ti, da bi uvežbao svoje obaveze paladina, mogao da obiđeš kuhinje pukova, sa spiskom u ruci, i da proveriš da li je sve u redu. Potom ćeš se vratiti da me izvestiš.

Šta je Rambaldo mogao da uradi? Da odbije, i za sebe zahteva – slavu ili ništa? Tako bi možda rizikovao da uništi karijeru zbog obične gluposti. Ode.

Vrati se mrzovoljan, bez jasnih ideja. – Ma... da... čini mi se da ide... – reče Ađilulfu – u svakom slučaju, tu postoji velika zbrka. A oni bednici... koji dolaze po supu, jesu li svi oni braća?

– Braća, zašto?

– Pa, liče jedan na drugog... Toliko su isti da ih čovek pobrka. Svaki puk ima svog, koji je isti kao i drugi. U početku sam mislio da je to jedan te isti čovek koji se seli od jedne do druge kuhinje. Ali pogledam u spiskove i nađem sve različita imena: Boamoluc, Karotun, Balingačo, Bertela... Onda sam pitao sekretare, proverio; da, uvek se slagalo. Ali, sigurno da ova sličnost...

– Idem da pogledam.

Obojica se uputiše prema lorenskom kampu. – Eno onaj čovek tamo... – Rambaldo pokaza na jedno mesto kao da je tamo nekoga bilo. Pa... i bilo je; ali na prvi pogled – osim što je bio odeven u izbledele i umazane zelene i žute prnje, i imao lice prekriveno pegama i čekinjama nejednake brade – pogled je preko njega prelazio ne razlikujući ga od boje zemlje i lišća.

– Pa to je Gurdulu'!

– Gurdulu'? Još jedno ime! Poznajete li ga?

– To je čovek bez imena i sa svim mogućim imenima. Hvala ti, ne samo što si otkrio nepravilnost u našoj službi, već si mi i omogućio da pronađem svog štitonošu koji se, čim mi je carskom naredbom dodeljen, odmah izgubio. Kada su lorenski kuvari zavšili s raspodelom porcija, prepustiše vojnički lonac Gurduluu. – Uzmi, sva ova supa je za tebe!

– Sva supa! – uzviknu Gurdulu', nagnu se nad lonac kao da se naginje kroz prozor, i kašikom stade da zahvata, ne bi li došao do najdragocenijeg sadržaja svakog vojničkog lonca – onoga što ostane zalepljeno za njegove zidove.

– Sva supa! – odzvanjao je glas u loncu, koji ga, zbog nesmotrenog koprcanja, poklopi.

Sada je Gurdulu' bio zarobljenik naopačke okrenutog vojničkog lonca. Začu se udaranje kašikom kao po nemom zvoniku i njegov glas kako mrmlja: – Sva supa! – Potom se lonac pokrenu poput kakve kornjače, okrete se, te se ponovo pojavi Gurdulu'.

Beše od glave do pete umazan čorbom od kupusa, ubrljan, umašćen, a povrh svega i izgaravljen. S bućkurišom koji mu se cedio s očiju, izgledao je slep, te vičući nastavi: – Sve je supa! – ispruženih ruku kao da pliva, a video je samo supu koja mu je prekrivala oči i lice – Sve je supa! – dok je jednom rukom vitlao kašikom, kao da želi da je napuni i k sebi privuče sve ono što se oko njega nalazi: – Sve je supa!

Ovaj prizor Rambalda tako uznemiri da okrete glavu: u pitanju nije bilo toliko gađenje, koliko sumnja: da je ovaj čovek, koji se tu kao slep vrti, u pravu, i da svet jeste samo beskrajna bezoblična čorba u kojoj se sve rastače i koja sobom boji sve ostalo. „Ne želim da postanem čorba: Upomoć!" umalo da uzvikne, ali pokraj sebe ugleda Ađilulfa koji je ravnodušno stajao

46

skrštenih ruku, kao neko ko je toliko daleko da ga vulgarnost ove scene i ne dotiče; i tada Rambaldo oseti da on nikada ne bi shvatio njegovu strepnju. Bol koji mu je prizor ratnika u belom panciru uvek donosio, sada se uravnoteži sa novim, drugačijim bolom koji mu je zadavao Gurdulu'; tako uspe da spase svoju ravnotežu i da se ponovo smiri.

– Zašto mu ne objasnite da nije sve supa, i ne učinite nešto da se završi ovaj metež? – reče Ađilulfu uspevajući da ne promeni ton svoga glasa.

– Jedini način da se to shvati je zadati sebi sasvim precizan zadatak – reče Ađilulfo; a potom će Gurduluu: – Ti si postao moj štitonoša, naredbom Karla, franačkog kralja i svetog cara. Sada moraš da me slušaš u svemu. I pošto me je Uprava za Sahrane i Milosrdne Dužnosti zadužila da se pobrinem o pokopu mrtvih iz jučerašnje bitke, spremi lopatu i motiku i pođimo u polje da pokopamo krštena tela naše braće koji su poginuli u slavu Boga.

On pozva i Rambalda da ga sledi, kako bi shvatio i ovo drugo delikatno zaduženje paladina.

Sva trojica krenuše ka polju: Ađilulfo, onim svojim korakom koji je trebalo da bude slobodan, a u stvari, hodao je kao po jajima; Rambaldo, razrogačenih očiju, nestrpljiv da ponovo vidi mesta kojima je juče prolazio pod kišom strelica i oštrica; dok Gurdulu', s lopatom i motikom, ne shvatajući uzvišenost svog zadatka, zvižduće i peva.

Sa uzvišice kojom sada prolaze, vidi se zaravan na kojoj se odigrao najkrvaviji okršaj. Tlo je prekriveno leševima. Odlučni kraguji, kandži čvrsto zabodenih u ramena ili lica mrtvih, povijaju kljun i preturaju po raskomadanim utrobama. Posao ne kreće odmah svojim tokom. Spuštaju se čim bitka počne da se bliži kraju: ali polje je prepuno mrtvaca zaštićenih gvozdenim pancirima, po kojima kljunovi ovih grabljivica stalno udaraju ne uspevajući ni da ih zagrebu. Čim stigne veče, sa suprotnih polja, tiho, hodajući četvornoške, stižu pljačkaši leševa. Kraguji se ponovo dižu i kruže nebom, čekajući da ovi završe. Prva svetlost obasja poljanu koje se belasa od razgolićenih tela. Grabljivice se ponovo spuštaju i otpočinju gozbu. No, moraju da požure, jer uskoro stižu grobari, koji pticama uskraćuju ono što prepuštaju crvima.

Ađilulfo i Rambaldo udarcima mača, a Gurdulu' lopatom, gone crne posetioce i teraju ih u let. A onda započinju tužan posao: svaki od trojice bira po jednog mrtvaca, uzima ga za noge i vuče, gore, do brežuljka, do mesta koje je prikladno za kopanje raka.

Ađilulfo vuče mrtvaca i razmišlja: „ O umrli, ti imaš ono šta ja nikada nisam, niti ću ikada imati: ovu lešinu. Ili je možda nemaš – ti jesi ova lešina, ono na čemu, ponekad, u trenucima melanholije, iznenađujući i samog sebe, zavidim ljudima koji postoje. Lepo, bogami! Mogao bih sasvim lako reći da sam privilegovan, ja koji telo nemam, a opet mogu sve da uradim. Razume se – sve – ono što mi se čini najbitnijim; i mnogo toga uspevam da uradim bolje od onih koji postoje, bez njihovih uobičajenih mana – neotesanosti, neodređenosti, nedoslednosti, smrada. Tačno je da onaj ko postoji tu uvek doda još ponešto, nekakav poseban pečat, koji ja nikada neću moći da dam. Ali ako je njihova tajna u tome, u toj hrpi trbušina, hvala, meni to nije potrebno. Ova dolina nagih raskomadanih telesa koja se raspadaju, ne gadi mi se ništa više od masovne grobnice ljudskog roda koji je još uvek živ."

Gurdulu' vuče mrtvaca i razmišlja: „Tvoj prdež gore smrdi od moga, lešino. Ne znam zašto te svi sažaljevaju. Šta ti fali? Pre si se kretao, a sada se umesto tebe kreću crvi koje hraniš. Rasli su ti nokti i kosa: sada ćeš se pretopiti u đubrivo od koga će poljska trava, na suncu, sve više rasti. Postaćeš trava, zatim mleko krava koje jedu travu, krv deteta koje pije mleko, i tako redom. Vidiš li, o lešino, da živiš bolje od mene?"

Rambaldo vuče mrtvaca i razmišlja: „O umrli, ja stalno jurcam da stignem gde si ti sada, da i mene vuku za noge. Šta je ova žestina koja me goni, ova pomama za borbom i ljubavima, viđena odatle odakle gledaju tvoje iskolačene oči, tvoja izvrnuta glava koja udara po kamenju? Mislim, o umrli, teraš me da o tome razmišljam; ali, šta to menja? Ništa. Nema drugih dana, osim ovih naših pre groba, za nas koji smo živi, ali i za vas koji ste umrli. Daj Bože da ih ne proćerdam, da ne proćerdam ništa od onoga što jesam i što bih mogao biti; daj mi da za franačku vojsku činim uzvišena dela; da zagrljen, grlim gordu Bradamante. Nadam se da ni ti nisi gore proveo svoje dane, o umrli. U svakom slučaju, tvoje kocke su već bačene. Moje se još uvek kovitlaju u čaši."

Gurdulu' se, pevajući, priprema da iskopa raku za umrlog. Razvuče ga po zemlji da mu uzme meru, motikom označi granične linije, pomeri ga, te se svojski baci na kopanje. – Umrli, možda se, tako čekajući, dosađuješ. – Okrete ga na bok, prema raki, tako da pred očima ima njega koji kopa. – Umrli, mogao bi i ti koji put da zamahneš motikom – uspravi ga, pokuša da mu stavi motiku u ruku. Ovaj pada. – Dosta! Nisi u stanju! Pa dobro, znači ja ću da kopam, a ti ćeš posle da napuniš raku.

Raka je iskopana; ali kako je Gurdulu' neuredno kopao, ispala je nepravilnog oblika, s udubljenjem u dnu. Gurdulu' sada požele da je isproba. Siđe i leže. – Oh, kako je ovde dobro, kako čovek ovde dole može lepo da se odmori! Oh, kakva lepa, mekana, zemlja! Umrli, dođi dole da vidiš kakvu lepu raku sam ti iskopao! – A onda se malo zamisli. – Iako smo se dogovorili da ti treba da napuniš raku, ipak je bolje da ja ostanem dole, a ti lopatom nabacaj zemlju po meni! – Sačeka malo. – Hajde! Požuri! Šta tu ima? Ovako! – Odozdo, ležeći, podiže svoju motiku, poče dole da nabacuje zemlju. Čitava gomila obruši se na njega..

Ađilulfo i Rambaldo začuše prigušeni Gurduluov krik, ali ne znaju da li je to od straha, ili zbog zadovoljstva što se tako dobro pokopao. Jedva stigoše na vreme da ga, pre nego što se uguši, izvuku potpuno prekrivenog zemljom.

Vitez uvide da je Gurdulu' loše, a Rambaldo nepotpuno obavio posao. On sam je označio celo jedno malo groblje, obeležavajući obrise pravougaonih raka, koje su dvema stranicama bile paralelne sa malom alejom.

Uveče, dok su se vraćali, prođoše šumovitim proplankom, gde su se drvoseče franačke vojske snabdevale deblima za ratne naprave i drvima za potpalu.

– Gurdulu', sada treba da iscepaš drva.

Ali Gurdulu' je mlatio sekirom gde stigne, i slagao zajedno naramke drva za potpalu, zeleno drveće, izdanke viline vlasi, grmove bobičavog rastinja, parčiće kore od drveta prekrivene mahovinom.

Vitez je nadgledao tesarske radove drvoseča, alat, gomile drva za loženje, objašnjavajući Rambaldu zaduženja paladina koja se odnose na snabdevanje drvenom građom. Rambaldo ga nije slušao; sve vreme mu je jedno pitanje stajalo u grlu, i sada se šetnja s Ađilulfom već bližila kraju a da mu ga još uvek nije postavio. – Viteže Ađilulfo! – prekide ga.

– Šta je? – upita Ađilulfo rukujući nekakvim sekirama.

Mladić nije znao odakle da počne, nije umeo da nađe izgovor za jedino pitanje koje mu je stajalo na srcu. A onda, pocrvenevši, reče: – Poznajete li Bradamante?

Na pomen tog imena, Gurdulu' – koji se upravo približavao stežući na grudima jedan od svojih složenih naramaka – odskoči. U vazduh poleteše drva, lisnato granje kozje krvi, bobice kleke, lišće kaline.

Ađilulfo je u ruci držao veoma oštru dvoseklu sekiru. Zamahnu, zatrča se, udari njome u jedan hrast.

Sekira prođe s kraja na kraj precizno režući, a deblo se i ne zatrese, koliko udarac beše precizan.

– Šta Vam bi, viteže Ađilulfo!? – uzviknu Rambaldo iznenada obuzet strahom. – Šta Vas je uhvatilo?

Ađilulfo je sada, skrštenih ruku, razgledao deblo sa svih strana. – Vidiš li? – reče mladiću. – Precizan udarac, bez i najmanjeg odstupanja. Pogledaj kakav pravilan rez!

VI

Ova priča koje sam se prihvatila teža je nego što sam mislila. Evo, na red je došlo da prikažem najveću ludost smrtnika – ljubavnu strast – od koje su me zavet, manastir i prirodna sramežljivost do sada čuvali. Ne kažem da nisam čula da se o njoj govori: štaviše, u manastiru, da ne bismo pale u iskušenje, ponekad o tome počnemo da razgovaramo (onoliko koliko to možemo mi, s nejasnom idejom koju o tome imamo) što se naročito događa onda kada neka od nas nesrećnica, zbog neiskustva, ostane trudna, ili pak kada se neka od nas, koju otme neki silnik koji se Boga ne boji, vrati i ispriča šta su joj sve radili. Dakle, i o ljubavi, kao i o ratu, jednostavno ću pričati onako kako budem umela: veština pisanja priča sastoji se u umeću da se iz onoga što se o životu shvati, izvuče sve ostalo; ali, kada se završi stranica i ponovo krenemo u život, primetimo da ono što smo znali ne vredi ništa.

Da li je Bradamante o tome išta više znala? I pored svog života ratnice-amazonke, u duši joj se rađalo neko duboko nezadovoljstvo. Prihvatila je viteški život zbog ljubavi koju je gajila prema svemu što je ozbiljno, jasno, strogo, u skladu s moralnim normama i – kada je reč o rukovanju oružjem i konjima – zahteva izuzetnu preciznost pokreta. A šta je oko sebe imala? Odvratne znojave muškarce koji svom snagom zapinju da ratuju nehajno i otprilike, a čim budu oslobođeni dnevnih zaduženja, uvek su tu da je nasamare i nepristojno se šunjaju za njom da vide kojeg će uveče odvesti sa sobom u šator. Jer, zna se da je viteštvo velika stvar, ali vitezovi su bili takve zamlate, svikli da izvršavaju plemenite poduhvate – ali na veliko, pa šta ispadne – kako-tako uspevajući da ostanu u okviru svetih pravila na koja su se zakleli, a koja su ih, budući da su tako jasno određena, oslobađala napora da razmišljaju. Rat je ionako malo klanica, malo učmalost svakodnevnog života, pa tu i nema potrebe da se vodi računa o sitnicama.

U suštini, ni Bradamante nije bila drugačija od njih; možda je i tu svoju čežnju za ozbiljnošću i strogoćom uvrtela sebi u glavu da bi je suprotstavila svojoj pravoj prirodi. Jer, ako je u celom franačkom logoru postojala neka aljkavuša, to je svakako bila ona. Uzmimo na primer njen šator koji je bio najneuredniji u celom logoru. Dok su se jadni muškarci nekako i snalazili, čak i u onim poslovima koji se smatraju ženskim – kao što je pranje sudova, krpljenje, čišćenje zemlje, uklanjanje s puta stvari koje ničemu ne služe – ona, odgojena kao princeza, razmažena, nije pipala ništa, i da ne beše starih pralja i sudopera koje se uvek muvaju oko pukova – sve same ulizice, od prve do poslednje – njen šator bi bio gori od kakve štenare. Ona u njemu nikada nije ni boravila; njen dan bi započinjao kada bi na sebe stavila pancir i uskočila u sedlo; u stvari, čim bi na sebe stavila svoje oružje postajala je sasvim drugačija, sva blistava, od oble kacige do štitnika za noge, razmetala bi se novim i sve savršenijim dodacima za oklop, dok joj sam oklop beše nacifran plavoljubičastim trakama, svaka pod konac, na svom mestu. Ta njena želja da na bojnom polju bude najblistavija, više nego žensku taštinu, izražavala je stalni izazov paladinima, superioronost u odnosu na njih, oholost. Od ratnika, prijatelja ili neprijatelja, zahtevala je savršenost u držanju i rukovanju oružijem, kao znak jednake savršenosti duše. A kada bi joj se dogodilo da sretne kakvog prvaka koji bi joj se učinio kao neko ko, u izvesnoj meri, odgovara njenim zahtevima, tada bi se u njoj budila žena snažnih ljubavnih prohteva. Pričalo se da onda u potpunosti odustaje od svojih strogih ideala: bila je istovremeno nežna i žestoka ljubavnica. Ali ako bi je muškarac na tom putu sledio, prepuštao se i gubio kontrolu nad sobom, ona bi se odmah ohladila i ponovo kretala u potragu za – kao čelik čvrstim naravima. No, koga je još mogla da nađe? Nijedan od hrišćanskih ili neprijateljskih prvaka za nju više nije bio autoritet: poznavala je slabosti i gluposti svih.

Vežbala je gađanje lukom i strelom, na čistini ispred svog šatora, kada Rambaldo, koji ju je nestrpljivo tražio, prvi put ugleda njeno lice. Na sebi je imala kratku tuniku; nage ruke zatezahu luk; lice joj, pri tom naporu, beše pomalo tmurno, a kosa zakačena na potiljku padaše u veliki razbarušeni rep. Ali Rambaldov pogled se ne zaustavi na sitnicama: on vide ženu u potpunosti, njenu ličnost, njene boje, pa je samo ona mogla biti ta koju je, iako je nikada nije video, tako očajnički želeo. Za njega nije mogla biti drugačija.

Strela se odape od luka i zabode u kolac koji je držao metu, u istoj liniji kao i sve prethodne.– Izazivam te na takmičenje! – reče Rambaldo trčeći prema njoj.

Uvek tako mladić trči u susret ženi: no, da li je ljubav prema njoj ono što ga zaista na to goni? Nije li to pre svega ljubav prema sebi, sigurna potvrda postojanja koju mu samo žena može dati? Mladić trči i zaljubljuje se, nesiguran u sebe, srećan i očajan, za njega je žena ta koja zaista postoji, i samo ona mu može potvrditi njegovo postojanje. Ali i žena postoji i ne postoji: evo je ispred njega, i sama ustreptala, nesigurna, kako to da mladić to ne primećuje? Zar je važno ko je od njih dvoje snažan a ko slab? Jednaki su. Ali mladić to ne zna, jer ne želi da zna: on žudi za ženom koja je tu, za ovom ženom. Ona, međutim, zna više toga; ili manje; u svakom slučaju zna drugačije stvari; ona sada traži drugačiji način da postoji; takmiče se u streljaštvu; ona ga prekoreva i potcenjuje; on ne zna da je to samo igra. Unaokolo, veliki šatori franačke vojske, barjaci na vetru, redovi konja koji konačno jedu zob. Poslužitelji pripremaju obed za paladine koji su se, čekajući vreme za ručak, okupili da vide kako se Bradamante s tim mladićem takmiči u odapinjanju strele. Bradamante kaže:

– Pogađaš metu, ali uvek slučajno.

– Slučajno? Kako kad ni jednom nisam promašio!

– I kad bi ti stotinu strelica pogodilo metu, opet bi bilo slučajno!

– Šta onda nije slučajno? Ko uopšte uspeva, a da to nije slučajno?

Ivicom polja polako prolazi Ađilulfo; preko belog pancira nosi dugačak crni plašt; ide ka njima kao neko ko ne želi da gleda, ali zna da je viđen i misli da treba da pokaže da ga ništa ne interesuje, a u stvari ga interesuje, ali ne onako kako to drugi shvataju.

– Viteže, dođi da pokažeš kako se... – Bradamantin glas sada nema uobičajeni potcenjivački ton, a i držanje je izgubilo od svoje oholosti. Načinila je dva koraka prema Ađilulfu pružajući mu već zapeti luk.

Ađilulfo prilazi polako, uzima lûk, zabacuje plašt unazad, odupire se nogama, te ispruži ruke i lûk. Njegovi pokreti nisu pokreti mišića i nerava koji pokušavaju da se približe nekom cilju: on umesto njih raspoređuje snage u željeni red, a onda zaustavi vrh strele na nevidljivoj liniji koja vodi do mete, malkice i ni makac više pomeri lûk, i odape. Strela je morala da pogodi cilj. Bradamante uzviknu: – Ovo je pravi pogodak!

Ađilulfu to nije bilo važno; stezao je nepomičnim gvozdenim rukama još uvek ustreptali luk; potom ga pusti da padne; pokupi plašt, i udalji se držeći ga pe-

55

snicama skupljenog na delu oklopa koji mu je prekrivao grudi. Nije imao šta da kaže, i ništa nije ni rekao. Bradamante pokupi lûk sa zemlje, podiže ga ispruženih ruku otresajući konjski rep po ramenima. – Da li iko... da li bi iko ikada mogao da odapne lûk s takvom preciznošću? Ko može kao on da bude tako precizan i potpun u svemu što radi? – i tako govoreći stade da šutira zeleno busenje, lomi strelice o ograde od kolja. Ađilulfo već beše daleko i ne okrete se; šarena čelenka na šlemu beše mu povijena unapred kao da hoda pognut, a pesnice mu behu stisnute na grudima oklopa dok je za sobom vukao crni plašt.

Neki od ratnika koji su se oko njih skupili, sedoše na travu da uživaju posmatrajući pomahnitalu Bradamante. – Nesrećnica, od kada se zaljubila u Ađilulfa, nema mira ...

– Šta? Šta ste rekli? – Rambaldo, uhvativši rečenicu u letu, ščepa za ruku onoga koji ju je izgovorio.

– Ej, jado, još ćeš se ti nositi s našom paladinkom! Njoj se sada sviđaju samo čisti panciri, i spolja i iznutra! Zar ne znaš da je smrtno zaljubljena u Ađilulfa.

– Ali to ne može biti... Ađilulfo... Bradamante... Kako to može?

– Može tako što... kada nekoga prođe želja za svim muškarcima koji postoje, onda joj jedino preostaje želja za čovekom koji uopšte i ne postoji...

U svakom trenutku sumnje ili obeshrabrenja za Rambalda je postao prirodan osećaj želja da pronađe viteza s belim oklopom. I sada to oseti, ali ne znade da li još uvek želi da potraži savet od njega, ili da se suoči s njim kao sa suparnikom.

– Hej, plavojko, zar nije malo preterano slabašan za krevet? – obraćaše joj se saborci. Ovo je za Bradamante bio žestok pad: nismo mogli ni da zamislimo da će jednom imati hrabrosti da joj se obrate ovakvim tonom.

56

– Reci – navaljivaše ovi bezobraznici – kad ga svučeš, šta onda uhvatiš? – klibereći se.

U Rambaldu se dvostruki bol – što sluša da se tako govori o Bradamante i što sluša da se tako govori o vitezu, kao i bes zbog spoznaje da s tom pričom on nema nikakve veze, i da niko ne može da ga smatra umešanim u to – stapao u potpunu obeshrabrenost.

Bradamante se sada naoruža bičem te stade da vitla po vazduhu rasterujući radoznalce, i Rambalda među njima. – Zar ne verujete da sam ja toliko žena da mogu da nateram svakog muškarca da učini ono što treba da se učini?

Ovi potrčaše uzvikujući: – Uh! Uh! Ako želiš da mu nešto pozajmimo, Brdama', treba samo da nam kažeš!

Rambaldo, i sam potisnut, pođe za povorkom dokonih ratnika, sve dok se ne rasturiše. Nije više imao želju da se vrati kod Bradamante; čak bi mu i Ađilulfovo društvo sada bilo neprijatno. Slučajno se nađe pored jednog mladića, po imenu Torizmondo, kadeta od vojvoda iz Kornvola, koji je, hodajući, turobno gledao u zemlju i zviždukao. Rambaldo nastavi da hoda s ovim mladićem koji mu beše gotovo nepoznat, no kako je osećao potrebu da se nekome požali zapodenu razgovor: – Ja sam ovde nov... ne znam... nije onako kako sam zamišljao... sve izmiče... nikuda se ne stiže... ništa mi nije jasno.

Torizmondo ne podiže pogled, samo na tren prekide svoje muklo zviždukanje, i reče: – Sve je odvratno.

– Evo, vidi – odgovori Rambaldo – ja ne bih bio baš toliki pesimista; postoje trenuci kada osećam da sam pun entuzijazma, da uživam čak... čini mi se da konačno sve shvatam, i onda kažem sebi: ako sam sada pronašao pravi ugao da posmatram stvari, ako je borba u franačkoj vojsci uvek ovakva, onda je to zaista ono o čemu sam sanjao. Ali, nikada ne možeš biti potpuno siguran...

– A u šta želiš da budeš siguran? – prekide ga Torizmondo. – Znamenja, činove, pompu, imena... Čitava parada. Štitovi, podvizi i reči paladina nisu od gvožđa: oni su list papira, koji možeš preći s kraja na kraj jednim prstom.

Stigoše do jednog jezerceta. Na obali, po kamenju, skakale su žabe, krekećući. Torizmondo se okrete ka logoru i pokaza zastave visoko iznad ograde od kolja, pokretom koji kao da je hteo sve da izbriše.

– Ali carska vojska – prigovori Rambaldo, čija gorčina bi prigušena žestinom negiranja ovog mladića, pokušavajući da ne izgubi osećaj za srazmere i tako svojim mukama ponovo nađe utočište – carska vojska se ipak, treba to priznati, uvek bori za svetu stvar i brani hrišćanstvo od nevernika.

– Nema tu ni odbrane ni uvrede, ništa nema nikakvog smisla – reče Torizmondo. – Rat će trajati vekovima i niko neće pobediti niti izgubiti, ostaćemo nepomični jedni naspram drugih, zauvek. Bez jednih, oni drugi ne bi bili ništa... i već smo i mi i oni zaboravili zašto se borimo... Čuješ li ove žabe? Sve što činimo ima isto toliko smisla i reda koliko i njihovo kreketanje, njihovo skakanje iz vode na obalu, i sa obale u vodu...

– Za mene nije tako – reče Rambaldo – štaviše, za mene je sve isuviše raspoređeno, propisano... Vidim vrlinu i vrednosti, ali sve je tako hladno... U poverenju, plaši me što je tu i jedan vitez koji ne postoji... Pa ipak mu se divim, tako je savršen u svemu što čini, uliva sigurnost čak i više nego da postoji, i skoro da... – zarumene se – razumem Bradamante... Ađilulfo je svakako najbolji vitez u našoj vojsci...

– Pih!

– Kako: pih?

– I on je podvala, gora od ostalih.

– Šta hoćeš da kažeš time – podvala? Sve što radi, on zaista radi.

58

– Ništa! Sve su to samo priče... Ne postoji ni on, ni ono što čini, niti ono što kaže, ništa, ništa...

– Kako bi onda mogao da, uz nepovoljan položaj u kome se nalazi u odnosu na druge, u vojsci zauzima mesto koje zauzima? Samo zbog imena?

Torizmondo zastade na tren ćuteći, a potom tiho reče: – Ovde su i imena lažna. Kad bih hteo, mogao bih sve da pošaljem u vazduh. Ne bi ostalo ni parče zemlje da na njega spustiš stopalo.

– Onda se ništa ne može spasiti?

– Možda i može. Ali ne ovde.

– Gde? Ko?

– Vitezovi Svetog Grala.

– A gde su oni?

– U šumama Škotske.

– Jesi li ih video?

– Ne.

– A kako znaš za njih?

– Znam.

Zaćutaše. Čulo se samo kreketanje žaba. Rambalda je polako obuzimao strah da će to kreketanje nadmašiti sve i da će i njega potopiti to zeleno, ljigavo, slepo pulsiranje škrga. Ali seti se Bradamante, kakva se u borbi pojavila, s uzdignutom sabljom, i sav taj strah beše već zaboravljen: jedva je čekao da se, pred njenim smaragdnim očima, bori i junači.

VII

Ovde u manastiru, svako ima svoj način da se isku-
pi, način da zaradi večno spasenje. Meni je pripalo da
pišem ovu priču: teško je to, teško... Napolju je pravo
leto, iz doline se čuje huk vode u pokretu, moja ćelija
je visoko, te kroz prozor vidim rečni zavoj, mlade ob-
nažene seljane kako se kupaju, a tamo malo dalje, iza
vrbinih ćuba – devojke, koje su se razodenule da se
okupaju. Jedan od mladića roni i najednom iskače da
ih vidi, a one vrište prstom pokazujući na njega. U
tom lepom društvu mogla bih i ja da budem, s mladi-
ma kakva sam i sama, sa sluškinjama i slugama. Ali
naš sveti zavet zahteva da prolaznim radostima ovoze-
maljskog sveta pretpostavimo nešto što i posle nas
ostaje. Što ostaje... ako i ova knjiga, i sva naša milosr-
dna dela, izvršena srcima od pepela već i sama nisu
prah... više no što je to putenost, tamo na reci, koja
pulsira životom i širi se poput krugova po vodi... Po-
činješ da pišeš pun snage, ali dođe čas kada pero sa-
mo grebe prašnjavo mastilo, i tu više nema nijedne ka-
pi života... jer život je sav napolju, s druge strane
prozora, van tebe, i čini ti se da nikada više nećeš mo-
ći da nađeš utehu u stranici koju pišeš, da otvoriš no-
vi svet, načiniš skok. Možda je i bolje tako: možda to
što s radošću pišeš i nije nikakvo čudo, niti božja mi-
lost: greh je to, idolopoklonstvo, oholost. Pa, jesam li
ja van toga? Ne, pišući nisam postala nimalo bolja: sa-
mo sam malo istrošila ustreptalu mladost koje nisam

ni svesna. Čemu onda ove nesrećne stranice? Knjiga, zavet, nisu ništa vredniji od onoga što sâm jesi. Duša se ne spasava pisanjem. Pišeš, pišeš... a duša ti je već izgubljena.

Pa onda, hoćete li da odem do nadstojnice i preklinjem je da mi promeni posao, da me pošalje da izvlačim vodu iz bunara, da predem konoplju, da ljuštim bob? Ne vredi. Nastaviću svoju dužnost monahinje- -pisca, najbolje što umem. Sada treba da pripovedam o piru paladina.

Protivno svim pravilima lepog ponašanja za jednog cara, Karlo Veliki je sedao za sto pre vremena, još dok ne stignu ostale zvanice. Sedne i počne da gricka hleb, sir, masline ili ljute papričice, sve u svemu ono što je već na trpezi. I ne samo to, već se i rukama služi. Često apsolutna moć, čak i kod najtrezvenijih vladara, prouzrokuje samovolju zbog koje izgube sve kočnice.

Malo-pomalo pristižu paladini, u belim svečanim uniformama koje između brokata i čipki ipak uvek otkrivaju gvozdene karike pancira, ali one s veoma širokim rupama, kao i oklope za šetnju, uglačane poput ogledala, kojima je dovoljan samo jedan udarac kratkim mačem pa da se raspadnu u paramparčad. Prvi stiže Orlando i seda s desne strane od svog ujaka-cara, potom Rinaldo iz Montalbana, Astolfo, Anđolino iz Bajone, Rikardo iz Normandije i svi ostali.

Za drugi kraj stola seda Ađilulfo, kao i uvek u svom bojnom oklopu bez ijedne mrlje. Zašto dolazi tu, za trpezu, on koji nikada nije imao, niti će ikada imati apetit, stomak koji treba da napuni, usta da im približi viljušku, niti nepce da ga zalije burgundcem? Pa ipak, nikada ne propušta ove gozbe koje se oduže satima – on koji bi te sate mogao bolje da ispuni poslovima koji se odnose na službu. Ali, kao i svi ostali i on ima pravo na mesto za carskom trpezom, i on ga zauzima; i učestvuje u ceremoniji gozbe istom brižljivom sitničavošću koju izražava i pri svakom drugom dnevnom ceremonijalu.

Jela za vojsku su uvek ista: punjena ćurka, guska na ražnju, dinstana govedina, prasetina na mleku, jegulje, orade. Paževi nisu na vreme postavili poslužavnike na koje se ustremljuju paladini grabeći rukama, komadajući, mrljajući pancire, prosipajući sos na sve strane. Tu je veća zbrka nego u borbi: činije se prosipaju, lete pečeni pilići, a paževi se otimaju za poslužavnike sa jelom, pre no što ih neki proždrljivac ne isprazni u svoj duboki tanjir.

Na kraju stola gde se nalazi Ađilulfo, sve se odvija u najboljem redu i sve je čisto i mirno, ali se sluge više angažuju oko njega koji ne jede, nego oko svih ostalih za stolom. Pre svega – dok je svuda unaokolo gomila prljavih tanjira, tako da i nema potrebe da se menjaju između jednog i drugog jela, jer svako jede gde stigne, čak i na stolnjaku – Ađilulfo stalno traži da ispred njega postave nove tanjire i pribor za jelo, tanjiriće, tacne, zdele, čaše svih oblika i veličina, viljuške, kašike i noževe koji ne daj bože da nisu dobro naoštreni, a toliko je zahtevan po pitanju čistoće da je dovoljna samo jedna mutna mrlja na nekoj čaši ili priboru za jelo pa da ih vrati. A onda, uzme od svega pomalo, ali se posluži; ne propušta nijedno jelo. Iseče na primer parče zečijeg pečenja, u jedan tanjir stavi meso, u tacnicu sos, a onda veoma oštrim nožem seče meso na sasvim tanke tračice, pa ih, jednu po jednu, prebacuje u sledeći tanjir, gde ih začinjava sosom, sve dok se dobro ne natope; ovako začinjene prebacuje ih na novi tanjir, te s vremena na vreme pozove nekog od slugu dajući mu ovaj poslednji tanjir da ga odnese i zatraži novi, čist. Tako se satima trudi; da i ne govorimo o pilićima, fazanima, drozdovima: obrađuje ih satima nikada ih ne dotičući ničim drugim osim vrhovima izvesnih noževa koje posebno zahteva i koje više puta menja, kako bi i sa poslednje koščice odvojio i najmanje, najneposlušnije vlakno mesa. Služi se i vinom, i stalno ga presipa u mnogobrojne pehare i čaše koje ispred njega stoje, ili u putire u kojima meša jedno vino s drugim, pa ih s vremena na vreme dodaje slugama da ih odnesu i zamene novim. I hleb mnogo koristi: od sredine stalno pravi male, sve jednake loptice, i raspoređuje ih po stolu u pravilne redove; koricu lomi na mrvice, te od njih slaže malene piramide; sve dok se ne umori i ne naloži slugama da metlicom počiste stolnjak. A onda sve iznova.

I pored tolikog posla on ne gubi nit razgovora koji se oko trpeze vodi, i uvek na vreme interveniše.

O čemu, za ručkom, razgovaraju paladini? Kao i obično, hvale se.

Orlando: – Moram da kažem da je bitka kod Aspramonte rđavo krenula pre nego što sam ja u dvoboju potukao kralja Agolantea i oteo mu Durlidanu. Tako ju je čvrsto držao da je njegova pesnica, kada sam mu jednim potezom odsekao desnicu, ostala stegnuta na Durlidaninom balčaku, pa sam morao da uzmem klešta da je od njega odvojim.

A Ađilulfo će: – Ne želim da ti protivurečim, ali preciznost zahteva da se kaže da je, pregovorima o primirju, Durlidanu neprijatelj predao pet dana posle bitke kod Aspramonte. Štaviše, ona postoji u spisku lakog oružja koje je, prema rezultatima pregovora, pripalo franačkoj vojsci.

Na to će Rinaldo: – Bilo kako bilo, to se ipak ne može porediti s Fusbertom. Kada smo prešli Pirineje, suočivši se s tim zmajem, oštricom svoga mača ja sam ga raspolutio, a i sami znate da je zmajeva koža tvrđa od dijamanta.

Ađilulfo se umeša u razgovor: – Evo, hajde da stvari postavimo na svoje mesto: prelaz preko Pirineja odigrao se u aprilu, a u aprilu, kao što svako zna, zmajevi menjaju kožu, i meki su i nežni kao novorođenčad.

Paladini: – Ma da, tog dana ili nekog drugog, ako nije bilo tamo, onda je bilo na nekom drugom mestu, sve u svemu tako je to bilo... sad, ne treba tražiti dlaku u jajetu...

Ali, već im je dojadio. Taj Ađilulfo koji se uvek svega seća, koji za sve što se dogodi ume da navede pisani dokaz, pa i kada je u pitanju čuveni poduhvat, i kada ga svi prihvate i do sitnica zapamte, čak i oni koji ga nikada nisu ni videli, on želi da ga svede na običnu epizodu iz službe koju treba ubeležiti u večernjem izveštaju za komandu puka. Između onoga što se u ratu dogodi i onoga što se posle priča, otkad je sveta i veka, uvek postoji izvesna razlika; da li se neki događaj dogodio ili ne – malo je bitno; tu su tvoja snaga, tvoja ličnost, postojanost u načinu tvoga ophođenja koji garantuju da, ako se stvari baš i nisu tako odigrale, detalj po detalj, ipak se sve moglo tako odigrati, ili se moglo isto tako odigrati u nekoj sličnoj prilici. Međutim, Ađilulfo nema ništa što bi poduprlo njegova dela, istinita ili lažna, kakva god bila: ili se iz dana u dan upisuju u zapisnik i beleže u registre, ili je to praznina, mrkli mrak. On bi želeo pod isto da podvede i svoje drugare, koji poput sunđera upijaju vino i hvalisanja, planove koji se okreću prošlosti a da nikada nisu ni bili u sadašnjosti, legende koje, pošto su bile pripisivane malo jednom, malo drugom, na kraju uvek nađu protagonistu koji im odgovara.

S vremena na vreme poneko za svedoka prozove Karla Velikog. Ali car je vodio toliko ratova da ih uvek pobrka, a ne seća se dobro ni koji se upravo vodi. Njegov je zadatak da rat vodi, a povrh toga da misli i na onaj koji sledi; prošli ratovi su prošli kako su prošli; zna se da treba imati rezervu u odnosu na ono što pripovedaju hroničari i narodni pesnici; ali taman posla da car treba iza njih da stoji i vrši ispravke. Samo kada se javi neki problem koji se tiče vojske, zvanja, dodele plemićkih titula i teritorija, onda kralj mora da kaže svoju. Svoju – to se, razume se, samo tako kaže. Volja Karla Velikog tu malo znači, jer treba se držati krajnjeg ishoda, prosuđivati na osnovu postojećih dokaza, i uticati na to da se poštuju zakoni i običaji. Zato, kada ga prozovu, on slegne ramenima, drži se opštih mesta i, s vremena na vreme, snađe se jednim: „Ma! Ko zna! Vreme ratovanja – više gluposti nego osvajanja!" i ide dalje. Onom vitezu, Ađilulfu od Gvildivernijevih, koji i dalje pravi loptice od sredine hleba i osporava sve događaje koji – iako preneseni u ne baš preciznoj verziji – ipak jesu autentična slava franačke vojske, Karlo Veliki bi želeo da dâ neki posebno dosadan zadatak, ali mu rekoše da je to beskorisno jer su za njega i najdosadniji poslovi samo željeni dokazi revnosti.

– Ne znam Ađilulfo zašto moraš toliko da sitničariš – reče Olivijeri. – U narodnom pamćenju postoji težnja da se neki podvizi preuveličavaju, što samo dokazuje da je ta slava prava osnova za titule i činove koji su nam dodeljeni.

– Ne i za moje – brzo odgovori Ađilulfo. – Svaka titula i zvanje dodeljeni su mi zbog osvedočenih poduhvata koji su pri tom potkrepljeni i neosporivim pisanim dokazima.

– Jes', sutra malo! – reče jedan glas.

– Onaj ko je to rekao mora mi položiti račun! – reče Ađilulfo ustajući.

– Budi dobar, smiri se – uzvratiše mu ostali – ti koji uvek stavljaš nekakve primedbe na poduhvate drugih, ne možeš da zabraniš da neko ponešto i tvojima zameri...

– Ja ne vređam nikoga: ograničavam se na to da preciziram činjenice, s mestom, datumom i sa mnogo dokaza!

– Ja sam to rekao! I pojasniću. – Ustade jedan mladi ratnik, bled.

– Voleo bih da vidim, Torizmondo, da u mojoj prošlosti pronađeš nešto sporno – reče Ađilulfo mladiću, koji beše baš Torizmondo iz Kornvola. – Da nećeš možda da osporiš da sam postao vitez zahvaljujući tome što sam, tačno pre petnaest godina, onemogućio da devicu – kćerku škotskog kralja, Sofroniju, napastvuju dvojica razbojnika?

– Da, osporavam: pre petnaest godina, Sofronija, kći škotskog kralja, nije bila devica.

Duž cele trpeze začu se žamor. Tada važeći viteški kodeks propisivao je da onaj ko devičanstvo neke devojke plemenitog porekla spase sigurne opasnosti, odmah postaje vitez-vojnik; ali, ako se silovanja spase žena otmenog porekla koja nije devica, propisana je samo javna pohvala i dupla plata za tri meseca.

– Kako možeš da podržavaš ovu uvredu ne samo mog viteškog dostojanstva, već i dame koju sam svojim mačem uzeo u zaštitu.

– Podržavam.

– Dokazi?

– Sofronija je moja majka!

Uzvici iznenađenja oteše se iz grudi mnogih paladina. Mladi Torizmondo, dakle, nije bio sin vojvoda iz Kornvola?

– Da, pre dvadeset godina rodila me je Sofronija, tada trinaestogodišnja devojčica. – Evo medaljona škotske kraljevske kuće – i preturajući po grudima, izvadi potvrdu koja je visila na zlatnom lancu.

Karlo Veliki, koji je sve do sada lice i bradu držao spuštene nad tanjirom rečnih rakova, proceni da je kucnuo čas da podigne pogled. – Mladi viteže – i dajući svojim rečima najveći carski autoritet – da li ste svesni težine svojih reči?

– U potpunosti – reče Torizmondo – za sebe još više nego za druge.

Unaokolo je zavladala tišina: Torizmondo se upravo odricao svog porekla vojvode iz Kornvola, koja

66

mu je kao mlađem sinu, donela titulu viteza. Legitimišući se kao kopile – doduše princeze kraljevske krvi – rizikovao je da ga udalje iz vojske.

Ali u ovoj igri još teži je bio Ađilulfov položaj. Pre nego što je naleteo na Sofroniju koju je napao razbojnik i spasao njenu čistotu, bio je običan ratnik bez imena u belom oklopu koji je nasumice hodao po svetu. Ili bolje reći (kako se ubrzo saznalo) bio je to prazan beli okop, bez ikakvog ratnika. Njegov podvig u zaštiti Sofronije omogućio mu je da postane vitez; kako je mesto viteza Ovostrane Selimpije u tom trenutku bilo upražnjeno, on je dobio ovu titulu. Njegovo pristupanje službi i sva priznanja, činovi i zvanja koje su mu posle pridodati, posledica su te epizode. Ako bi se utvrdilo nepostojanje Sofronijinog devičanstva koje je on spasao, isparila bi njegova viteška titula, sve što je potom uradio ni na koji način ne bi se moglo smatrati vrednim, sve njegove titule i zvanja bili bi poništeni, pa bi tako i sve njegove nadležnosti postale nepostojeće kao i on sam.

– Moja majka je bila još devojčica kada je ostala trudna sa mnom – pričao je Torizmondo – i strahujući od roditeljskog besa kada saznaju za njeno stanje, pobegla je iz kraljevskog dvorca Škotske i lutala visoravnima. Donela me je na svet u jednoj pustari, pod vedrim nebom, i podizala lutajući poljima i šikarama Engleske, sve dok nisam napunio pet godina. Ova prva sećanja najlepši su period moga života koji je prekinula nametljivost ovoga ovde. Još uvek se sećam toga dana. Majka me je ostavila skrivenog u našoj pećini, dok je, kao i obično, išla po poljima da krade voće. Tako je nabasala na dva drumska razbojnika koji htedoše da je iskoriste. Možda bi se na kraju i sprijateljili: često se moja majka žalila na usamljenost. Ali stiže ovaj prazan oklop u potrazi za slavom i rastera razbojnike. Kako je prepoznao da je moja majka plemenitog roda, uze je u zaštitu i odvede do najbližeg

67

zamka, Kornvola, i poveri je vojvodama. Ja sam u međuvremenu, sam i gladan, ostao u pećini. Čim je bila u prilici, poveri vojvodama postojanje sinčića koga je morala silom prilika da napusti. Nađoše me bakljonoše i odvedoše u zamak. Da bi se spasla čast škotske porodice koja je bila u rođačkim vezama sa porodicom iz Kornvola, priznat sam i odgojen kao sin vojvode i vojvotkinje. Moj život je bio dosadan i prepun prinuda, kakav je, uostalom, uvek život mlađih članova porodica visokog porekla. Više mi nisu dozvoljavali da vidim svoju majku, koja se zamonašila u jednom dalekom manastiru. Težina te gomile laži, koja je moj život odvratila od njegovog prirodnog toka, opterećivala me je sve do sada. Sada sam konačno uspeo da kažem istinu. Štagod da se dogodi, meni će sigurno biti bolje nego što mi je do sada bilo.

Za stolom su se u međuvremenu služili slatkiši — višeslojni, raznobojni patišpanj, ali tolika je bila zapanjenost ovim nizom otkrovenja, da se nijedna kašičica ne podiže ka zanemelim ustima.

– A Vi, šta Vi imate da kažete u vezi s ovom pričom? – upita Karlo Veliki Ađilulfa. Svi primetiše da nije rekao: viteže.

– To su laži. Sofronija jeste bila devojka. Na cvetu njene čistote počiva moje ime i moja čast.

– Možete li to da dokažete?

– Potražiću Sofroniju.

– Zar mislite da ćete je posle petnaest godina zateći istu? – zlobno reče Astolfo. – Naši oklopi od tučenog gvožđa imaju kraći vek.

– Zamonašila se odmah čim sam je poverio toj čestitoj porodici.

– Za svih tih petnaest godina, nijedan hrišćanski manastir nije mogao izbeći rušenja i provale, a svaka monahinja ima vremena da se razmonaši i ponovo zamonaši barem četiri-pet puta...

– U svakom slučaju, napadnuta čednost pretpostavlja postojanje napasnika. Pronaći ću ga, i on će mi posvedočiti o datumu do kada se Sofronija mogla smatrati devojkom.

– Dopuštam vam da odmah krenete, ako to želite – reče car. – Mislim da Vam u ovom času ništa ne stoji više na srcu od prava da nosite ime i oružje koje će Vam od sada biti osporeno. Ako ovaj mladić govori istinu, neću moći da Vas zadržim u službi, neću čak moći ni da Vas, u bilo kom smislu, uzmem u obzir, čak ni kada su u pitanju zaostale isplate... I Karlo Veliki ne mogade da se suzdrži a da svom govoru ne da pečat blagog zadovoljstva, kao da hoće da kaže: „Vidite da smo našli način da se oslobodimo ovog daveža?"

Beli oklop se, kao nikad dosad, toliko povi, i tek tada se vide koliko je prazan. Iz njega se začu glas koji je jedva mogao da se razazna: – Da, care moj, poći ću.

– A Vi? – Karlo Veliki se obrati Torizmondu. – Da li ste svesni toga da izjavljujući kako ste rođeni van braka više ne možete nositi čin koji vam je rođenjem pripao? Znate li bar ko bi mogao da bude vaš otac?

– Neću moći nikada da budem priznat...

– Ne mora da znači. Svaki čovek, kad stigne u izvesne godine, želi da povrati sve račune na vagi svog života. Ja sam priznao sve sinove, a bilo ih je mnogo, koje sam dobio sa konkubinama, a sigurno da poneki i nije moj.

– Moj otac nije jedan čovek.

– A ko je onda? Belzebub?

– Ne, gospodaru – mirno reče Torizmondo.

– Ko onda?

Torizmondo se uputi ka sredini sale, spusti jedno koleno na zemlju, podiže pogled ka nebu i reče: – To je Sveti Red Vitezova Svetog Grala.

Ponovo se začu žagor. Poneki paladin se i prekrsti.

– Moja majka je bila smela devojčica – objasni Torizmondo – i uvek je trčala po najvećim dubinama šuma koje su okruživale zamak. Jednoga dana, u dubini šume, nabasa na vitezove Svetog Grala koji su se tu ulogorili da bi, izolovani od sveta, kalili svoj duh. Devojčica poče da se igra s tim ratnicima, i od tada, svaki put kada bi uspela da izbegne nadzor ukućana odlazila bi do logorišta. Nedugo zatim, nakon tih dečijih igara, vrati se trudna.

Karlo Veliki ostade zamišljen na tren, a onda reče:

– Vitezovi Svetog Grala su se zavetovali na čistotu i niko od njih neće moći da te prizna za sina.

– Ja to i ne želim – reče Torizmondo. – Majka mi nikada nije ni pričala o nekom pojedinačnom vitezu, već me je vaspitala da kao svog oca poštujem Sveti Red u celini.

– Dakle – dodade Karlo Veliki – red kao celina nije vezan nikakvim zavetom te vrste. Ako uspeš da dopreš do vitezova Svetog Grala i ubediš ih da te kolektivno priznaju za sina čitavog njihovog Reda, onda tvoja vojna prava, s obzirom na preimućstva Reda, neće biti drugačija od onih koja si imao kao sin plemićke porodice.

– Polazim – reče Torizmondo.

Tamo, u franačkom logoru, to veče beše veče odlazaka. Ađilulfo brižno pripremi svoju opremu i konja, a štitonoša Gurdulu' grabio je šta mu padne pod ruku – prekrivače, češagije, lonce – od njih potom napravi hrpu koja mu je smetala da vidi kuda ide, stade nasuprot svog gospodara, i odjaha galopom pogubivši usput sve stvari.

Niko nije došao da pozdravi Ađilulfa koji je odlazio; niko – osim jadnih konjušara, konjušarskih pomoćnika, kovača iz kovačnice – koji se među sobom i nisu mnogo razlikovali, i koji su shvatili da je to najdosadniji, ali i najnesrećniji, od svih oficira. Paladini, s izgovorom da nisu obavešteni o času polaska, ne do-

70

đoše; uostalom, to i nije bio nikakav izgovor: Ađilulfo, otkada je izašao sa banketa, nikome više ne uputi ni reč. Njegov odlazak niko nije komentarisao. Pošto je podelio obaveze, tako da sva njegova zaduženja budu izvršena, odsustvo nepostojećeg viteza, kao prema nekom zajedničkom dogovoru, smatrano je dostojnim ćutanja.

Jedina koja je ostala ganuta, čak potresena, beše Bradamante. Dotrča do svog šatora – Brzo! – bacajući u vazduh odeću, oklope, strele i konjsku opremu – Brzo! Pripremite mi sve, odlazim, odlazim, ne ostajem ovde više ni minut, otišao je on, jedini zbog koga je ova vojska imala smisla, jedini koji je mogao da dâ smisao mom životu i mom ratovanju; ovde sada ostaje samo gomila pijanica i nasilnika, uključujući i mene, život je samo premetanje, potucanje od kreveta do mrtvačkog sanduka, a samo je on znao skrivenu geometriju, red, pravilo da se u svemu tome nađe početak i kraj! Govoreći tako, oblačila je, deo po deo, laki oklop, plavoljubičasti ogrtač, te ubrzo beše u sedlu, spremna, muškobanjasta u svemu osim u gordosti koju imaju neke žene koje su prave žene, pa obode konja u galop gazeći ograde od kolja, šatorsku užad i tezge sa bakalukom. Ubrzo nestade u velikom oblaku prašine.

Rambaldo koji je potrčao da je nađe, ugleda taj oblak prašine i povika joj: – Kud si pošla, Bradamante, kuda ćeš, ja sam zbog tebe ovde, a ti odlaziš? – s jogunastim ogorčenjem zaljubljenog čoveka koji želi da kaže: „Ovde sam, mlad, prepun ljubavi, kako može da joj se ne sviđa moja ljubav, šta hoće ona koja me ne uzima, koja me ne voli, šta više može da poželi od onoga što osećam da mogu i želim da joj dam". Besni i ne smiruje se i odjednom ljubav prema njoj postaje ljubav prema sebi, sebi u nju zaljubljenog, to je ljubav prema onome što bi njih dvoje mogli biti, a nisu. Tako Rambaldo mahnito utrča u svoj šator, pripremi konja, oružje, bisage... I on odlazi, jer u ratu si dobar bo-

rac samo ako između vrhova strela naslućuješ usne ne-
ke žene, pa onda sve – rane, prašinčina, konjski smrad
– ima ukus samo tog osmeha.

I Torizmondo je krenuo iste večeri, tužan i pun na-
de. Želeo je da ponovo pronađe šumu, vlažnu mračnu
šumu detinjstva, majku, dane u pećini, i u suštini čisto
bratstvo očeva, kako naoružani bde nad vatrom skri-
venog vojnog logora, obučeni u belo, u tišini, u najve-
ćoj dubini šume gde nisko granje skoro dotiče paprat,
a iz masne zemlje rađaju se gljive koje nikada ne vide
sunca.

Čuvši vesti o svim tim iznenadnim odlascima, Kar-
lo Veliki pomalo nesigurnim korakom napusti banket
i uputi se ka kraljevskom šatoru razmišljajući o vre-
menu kada su na put odlazili Astolfo, Rinaldo, Divlji
Gvidon, Orlando, u podvige koju su kasnije završili u
pesničkim epovima, a sada te veterane odavde više ni-
šta ne može da pokrene osim strogih obaveza službe.
„Neka idu, mladi su, neka nešto rade", govorio je Kar-
lo Veliki, s navikom – koja je svojstvena ljudima od
akcije – da misle da je pokret uvek nešto dobro, ali i s
gorčinom starca koji pati od toga da u nekadašnjim
događajima izgubi više nego što uživa u onima koji
tek dolaze.

VIII

Knjigo, stiglo je veče, ja sam počela hitrije da pišem, odozgo s reke, s vodopada, do mene dopire samo huk, oko prozora nemo lete slepi miševi, zalaje pokoji pas, poneki glas odzvoni sa senika. Možda majka-nadstojnica moju pokoru i nije rđavo izabrala: s vremena na vreme primetim da pero, kao samo od sebe, počne da hita po hartiji, a tako i ja za njim. Ka istini hrlimo, pero i ja, ka istini koju uvek, sa svakom novom belom stranicom, čekam da mi u susret dođe; a do nje ću moći da doprem samo ako potezima pera budem uspela da pokopam svu ravnodušnost, sva nezadovoljstva, ozleđenost koje ovde, ovako zatvorena, okajavam.

A onda je dovoljan samo tupi udar kakvog miša (manastirski tavan ih je pun), iznenadni nalet vetra koji zalupi prozor (što mi uvek odvuče pažnju, pa žurim da ga ponovo otvorim), kraj jedne, i početak druge epizode ove priče, ili pak samo početak novog reda i evo, pero ponovo postaje teško poput balvana, a jurnjava za istinom nesigurna.

Sada treba da prikažem zemlju kojom Ađilulfo i njegov štitonoša na svom putu prolaze; sve na ovom listu treba da se vidi: glavni prašnjavi put, reka, most, tu je Ađilulfo koji prolazi na konju laka kopita, tok-tok-tok-tok, lagan je ovaj vitez bez tela, konj može da pređe milje i milje a da se ne umori, a i gazda je neumoran. Sada se na mostu čuje težak galop – tututum!

To je Gurdulu' koji napreduje držeći se čvrsto za vrat svoga konja, dve tako bliske glave da se ne zna da li konj misli štitonošinom, ili štitonoša konjskom glavom. Na papiru crtam pravu liniju, s vremena na vreme isprekidanu uglovima – to je Ađilulfov put. Ova druga linija sva u zamršenim šarama koja ide tamo--amo, Gurduluov je put. Kada vidi leptira kako leti tamo-amo, Gurdulu' odmah potera konja, poveruje kako je u sedlu, ali ne konja već leptira, pa skrene s puta i luta poljima. U međuvremenu Ađilulfo, uspravan, napreduje svojim putem. S vremena na vreme Gurduluove putanje, van glavnog puta, poklope se sa nevidljivim prečicama (ili to možda konj krene nekom stazom po svom nahođenju, pošto ga njegov konjušar ne gleda) pa se, posle mnogobrojnih zaokreta, lutalica ponovo nađe na glavnom putu, pored svoga gazde.

Ovde, na obali reke ucrtaću vodenicu. Ađilulfo se zaustavlja da upita kojim putem treba da nastavi. Mlinarica mu ljubazno odgovara, nudi ga vinom i hlebom, on odbija. Prihvata samo zob za konja. Put je prašnjav i osunčan, pa se dobri mlinar i mlinarica čude kako to da vitez nije žedan.

Ađilulfo upravo nastavlja svoj put kad s bukom, kao da se radi o čitavom puku u galopu, stiže Gurdulu'. – Da niste videli moga gazdu?

– A ko je tvoj gazda?

– Jedan vitez... ne: jedan konj...

– U službi si konja?

– Ne... to je moj konj u službi jednog konja...

– A ko jaše tog konja?

– E... ne zna se.

– A ko jaše tvog konja?

– Ma! Pitajte njega!

– Da li i ti ne želiš da jedeš i piješ?

– Da, da! Jesti! Piti!

Sada crtam grad opasan zidinama. Ađilulfo mora da prođe kroz njega. Stražari na kapiji traže da otkrije lice; imaju naređenje da ne puste nikoga kome je lice skriveno, jer bi to mogao biti onaj divlji razbojnik koji pustoši svuda unaokolo. Ađilulfo odbija, lati se oružja, oslobađa prolaz, beži.

Sada iznad grada crticama senčim šumu. Ađilulfo je prelazi uzduž i popreko kako bi otkrio užasnog razbojnika. Razoružava ga, okiva u lance i vuče pred one žbirove koji ne htedoše da ga puste da prođe. – Evo, zarobljen je onaj koga ste se toliko plašili!

– Oh, blažen da si, beli viteže! Ali, reci, ko si i zašto ti je vizir na šlemu zatvoren.

– Moje ime je ujedno i svrha moga puta – reče Ađilulfo i odjuri.

U gradu, neki za njega kažu da je anđeo, dok drugi misle da je duša iz čistilišta. – Konj je išao lako – reče jedan – kao da nikoga nema u sedlu.

Ovuda, gde se završava šuma, vijuga drugi put kojim se takođe stiže do grada. Tim putem ide Bradamante. Onima iz grada kaže: – Tražim viteza u belom oklopu. Znam da je ovde.

– Ne. Nema ga – odgovaraju joj.

– Ako ga nema, onda je to upravo on.

– Onda idi pa ga sama potraži. Odavde je odjurio.

– Stvarno ste ga videli? Beli oklop koji izgleda kao da je u njemu neki čovek...

– Pa ko je, ako nije čovek?

– Neko ko je više od svakog drugog čoveka.

– Ovo mi liči na prave vragolije – reče jedan starac – i ti ih praviš, hej viteže, tako nežna glasa!

Bradamante obode konja.

Ubrzo potom i Rambaldo zaustavlja konja na gradskom trgu. – Da li ste videli jednog viteza da je ovuda prošao?

– Koji? Prošla su dvojica, a ti si treći.

– Onaj što je jurio onog drugog.

– Je li istina da jedan od njih nije muškarac?

– Drugi je žena.

– A prvi?

– Ništa.

– A ti?

– Ja? Ja... ja sam muškarac.

– Hvala Bogu!

Ađilulfo je jahao, a za njim je išao Gurdulu'. Istrča neka ženica, raspuštene kose, u pohabanoj odeći, i baci se na kolena. Ađilulfo zaustavi konja. – U pomoć, plemeniti viteže – pozivala je – na pola milje odavde podivljali medvedi napadaju zamak moje gospodarice, plemenite udovice Prišile. Više niko ne može u njega da uđe, niti da izađe. U zamku živi samo nekoliko nas nezaštićenih žena. Ja sam se, s puškarnice, spustila dole pomoću konopca i utekla kandžama tih čudovišnih zveri. Hajde viteže, dođi da nas oslobodiš!

– Moj mač je uvek u službi udovica i nezaštićenih bića – reče Ađilulfo. – Gurdulu', uzmi u sedlo ovu devojku koja će nas odvesti do zamka svoje gospodarice.

Išli su vrletnim puteljkom. Štitonoša je išao napred, ali put nije ni gledao; grudi žene koja je sedela između njegovih ruku bile su ružičaste, haljina joj beše puna poderotina, Gurdulu' oseti kako se u njima gubi.

Devojka beše okrenuta tako da je gledala u Ađilulfa. – Kakvo plemenito držanje ima tvoj gospodar! – reče.

– Uh, uh – odgovori Gurdulu' pružajući ruku ka tim toplim grudima.

– Tako je siguran i gord, u svakoj reči i u svakom pokretu... – govorila je ova, ne skidajući pogled sa Ađilulfa.

– Uh – reče Gurdulu' i držeći uzde obema rukama na ručnom zglobu, pokuša da shvati kako neko istovremeno može da bude tako čvrst i tako mek.

– A glas – govorila je ona – oštar, metalni...

76

Iz Gurduluovih usta izlazilo je samo muklo cerekanje, između ostalog i stoga što mu usta behu zagnjurena između vrata i ramena ove devojke, te se gubio u tom mirisu.

– Kako će samo moja gospodarica biti srećna kada je baš on oslobodi onih medveda... Oh, kako joj zavidim... Ali reci... upravo skrećemo sa puta! Šta je štitonošo, zašto si rasejan?

Na jednom zavoju neki pustinjak je pružao zdelicu za milostinju. Ađilulfo, koji je svakom prosjaku koga sretne obavezno davao milostinju u vrednosti od tri dinara, zaustavi konja i poče da pretura po torbi.

– Blagosloveni da ste, viteže – reče prosjak uzimajući novčiće, i dade mu znak da se sagne kako bi mu rekao nešto na uvo – odmah ću Vam se odužiti i reći Vam: čuvajte se udovice Prišile! Priča o medvedima je samo obična zamka: ona ih sama gaji pa posle moli da je vrli vitezovi, koji prolaze glavnim putem, oslobode. Zatim ih odvuče u zamak da nahrane njenu nezajažljivu pohotu.

– Biće da je tako kako Vi kažete, brate – odgovori Ađilulfo – ali ja sam vitez, i bilo bi neučtivo da odbijem formalnu molbu za pomoć jedne uplakane žene.

– Ne plašite se plamena strasti?

Ađilulfo ostade pomalo zbunjen. – Pa sad, videćemo...

– Znate li šta ostaje od viteza posle boravka u tom zamku?

– Šta?

– Imate ga pred očima. I ja jednom bejah vitez, i ja sam spasavao Prišilu od medveda, a evo me sada ovde. Uistinu je jadno izgledao.

– Vaše iskustvo će mi biti dragoceno, brate, ali ću se suočiti sa iskušenjem. Ađilulfo obode konja i stiže Gurdulua i devojku.

– Ne znam zašto ovi prosjaci uvek moraju nekoga da ogovoraju – reče devojka vitezu. – Ni u jednoj drugoj kategoriji religioznih ili svetovnih ljudi nema toliko ispraznih priča i toliko kleveta.

– Ima li puno prosjaka u ovom kraju?

– Mnogo ih je. I stalno se pojavi još po koji nov.

– Ja neću biti jedan od njih – reče Ađilulfo. – Požurimo.

– Prezirem riku medveda – uzviknu devojka. – Bojim se! Dozvolite mi da siđem i sakrijem se iza ove živice.

Ađilulfo stiže do čistine na kojoj se uzdizao zamak. Svuda unaokolo crnilo se od medveda. Ugledavši viteza na konju, stadoše da škrguću zubima, i skupiše se jedan uz drugog da mu prepreče put. Ađilulfo jurnu mašući kopljem. Nekoliko probode, druge ošamuti, ostale prignječi. Stiže i Gurdulu' na svom konju, te ih pojuri lovačkim kopljem. Za deset minuta oni koji se nisu prostrli kao mnogobrojne prostirke, pobegoše i sakriše se u najdubljim šumama.

Otvoriše se kapije zamka. – Plemeniti viteže, mogu li Vam zauzvrat ponuditi svoje gostoprimstvo? – Na pragu se pojavi Prišila, a oko nje behu njene dame i sluškinje. (Među njima beše i devojka koja je ovu dvojicu dovde dopratila; ko zna kako, ali ona je već bila u kući, i na sebi više nije imala one pohabane haljine od malopre, već lepu, čistu kecelju.)

Ađilulfo, za kojim je išao Gurdulu', uđe u zamak. Udovica Prišila ne beše mnogo visoka, niti mnogo obla, ali je bila lepo doterana: ne baš prsata, već finih, isturenih grudi, i crnih živahnih očiju – sve u svemu, žena koja je imala šta da kaže. Stajaše tako, zadovoljna, ispred belog Ađilulfovog oklopa. Vitez stajaše dostojanstveno, ali stidljivo.

– Viteže Ađilulfo Emo Bertrandino od Gvildiviernijevih i Ostalih iz Korbentraza i Sure, viteže Ovostrane Selimpije i Fesa – reče Prišila – već znam vaše ime i dobro znam ko jeste i ko niste.

Na ovaj nagoveštaj Ađilulfo, oslobođen izvesne neprijatnosti, odbaci sramežljivost i zauze nadmeno držanje. Pa se ipak pokloni, spusti koleno na zemlju i reče: – Vaš sam sluga – i odmah ustade.

– Toliko sam o Vama slušala – reče Prišila – i već dugo gorim od želje da Vas sretnem. Koje Vas čudo dovodi na ovaj tako zabačeni put?

Na to će Ađilulfo: – Na putu sam da bih, pre no što bude prekasno, pronašao devičanstvo od pre petnaest godina.

– Nikada ne čuh za viteški poduhvat koji ima tako prolazan cilj – reče Prišila. – No, ako je od tada prošlo petnaest godina, onda nemam pravo da Vas, pozivajući Vas da budete gost u mom zamku, zaustavim još jednu noć. – I pođe ka njemu.

Ostale žene ostadoše pogleda uprtog u njega, sve dok nije nestao s gospodaricom zamka u nizu sala. Zatim se okrenuše ka Gurduluu.

– Oh, kakav kršni konjušar! – rekoše, pljeskajući rukama, dok je on stajao k'o budala i češao se. – Šteta što je pun buva i toliko smrdi! – rekoše. – Hajde, brzo, hajdemo! – Odvedoše ga u svoje odaje i skinuše golog.

Prišila odvede Ađilulfa do trpeze postavljene za dvoje – Dobro mi je znana Vaša uobičajena umerenost, viteže – reče mu – ali nisam znala kako drugačije da Vam ukažem čast osim da Vas pozovem da sednete za ovaj sto. Svakako – zlobno dodade – zahvalnost koja mi je na duši ovde se ne završava.

Ađilulfo se zahvali, sede naspram gospodarice zamka, prstima izdrobi nekoliko korica hleba, ostade na tren u tišini, pročisti glas, te navali da priča o svemu i svačemu.

– Zaista su čudni i burni, gospođo, doživljaji koji se događaju lutajućem vitezu. Oni, pored ostalog, mogu i da se grupišu u više vrsta. Prvo... – I tako razgovara, ljubazan, jasan, obavešten, pokatkad dopuštajući sebi neumerenu sitničavost, ali je odmah koriguje umešnošću s kojom prelazi da priča o nečem drugom, ubacujući ozbiljne fraze u duhovite dosetke i uvek dobro povezane šale, prosuđujući događaje i osobe ni previše povoljno ni previše oprečno, tako da se ti događaji uvek mogu ticati i sagovornika, pa mu tako pruži povoljnu priliku da i sam kaže koju, hrabreći ga pri tom uljudnim pitanjima.

– Oh, kakav prefinjeni sagovornik – reče Prišila, i pade u zanos.

Naglo, kako je i započeo razgovor, Adilulfo utonu u ćutanje.

– Vreme je za pesme – reče Prišila i udari dlanom o dlan. U salu uđoše sviračice na lauti. Jedna započe pesmu koja kaže: „Likorno će ubrati ružu“; a potom onu drugu: „Jasmin, veuillez embellir le beau coussin“.

Adilulfo ima samo reči hvale za muziku i glasove.

Igrajući, uđe jato devojaka. Na sebi su imale lake tunike a u kosi venčiće. Adilulfo je pratio ples udarajući u ritmu gvozdenim rukavicama po stolu.

Ništa manje slavljeničke ne behu ni igre koje su se izvodile u drugom krilu zamka, u odajama dama iz pratnje. Poluodevene mlade devojke igrale su se loptom s namerom da i Gurdulua uvuku u svoju igru. Štitonoša, i sam odeven u malenu tuniku, koju su mu ove mlade žene pozajmile, umesto da stoji na svom mestu i čeka da mu neko baci loptu, jurcao je za njom pokušavajući da je po svaku cenu uhvati, pa se celim telom bacao na ovu ili onu devojku, i u toj gužvi često bi mu nešto sasvim drugo palo napamet, te bi počeo da se valja sa nekom od njih po mekim jastucima rasprostrtim svuda unaokolo.

– Oh, šta to radiš? Ne, ne neznalice! Aj, pogledajte šta mi radi, ne, hoću da se igram lopte! Ah! Ah! Ah!

Gurdulu' sada više ništa nije shvatao. Sada, posle tople kupke koje su mu priredile, mirisa i ovog belog i ružičastog mesa, njegova je jedina želja bila da se stopi s opštim miomirisom.

– Ah, ah, opet je ovde, uh, majko moja, saslušaj me, aaah...

Ostale su se igrale lopte kao da se ništa ne događa, šalile se, smejale, pevale: Eti, eti, mesec visoko leti...

Devojka koju bi Gurdulu' ščepao, posle izuzetno snažnog krika vraćala bi se među drugarice, pomalo zažarena lica, pomalo ošamućena i smejući se i udarajući rukama: – Hajde, hajde, ovde kod mene! – ponovo bi zaigrala.

Ne bi prošlo mnogo, a Gurdulu' se valjao preko neke druge.

– Beži, iš, iš, kakva dosada, kakav neobuzdanko, ne, to me boli, ma reci... – i... bivala bi pobeđena.

Ostale žene i devojke koje nisu učestvovale u igrama sedele su na klupama i razgovarale među sobom: – ...To je stoga, znate, što je Filomena bila ljubomorna na Klaru ali ipak... – osetivši kako ju je Gurdulu' zgrabio oko struka – Uh, al' sam se uplašila! Ali ipak, rekoh, izgleda da je Viliđelmo bio sa Eufemijom... ma kuda me vodiš?... – Gurdulu' bi je natovario sebi na leđa. – ... Jeste li razumele? Ona druga budala je u međuvremenu, kao i obično, svojom ljubomorom... – nastavljala bi da brblja i gestikulira žena klateći se sa Gurduluovih leđa nestajući iz vidokruga.

Ne bi prošlo mnogo i ona bi se vraćala, raščupana, s pokidanom naramenicom, ponovo bi sela, govoreći žurno, bez predaha: – Upravo je tako, kažem vam, Filomena je Klareti napravila scenu, a on je...

Utom se iz sale za gozbe vratiše igračice i pevačice. Ađilulfo gospodarici zamka stade nadugačko da nabraja kompozicije koje muzičari Karla Velikog najčešće izvode.

– Nebo postaje sve tamnije – primeti Prišila.

– Noć je, mrkla noć – priznade Ađilulfo.

– Soba koju sam za Vas odredila...

– Hvala. Čujete li slavuja kako u parku peva?

– Soba koju sam za vas odredila... je moja...

– Izuzetno ste ljubazni... Slavuj peva na onom hrastu. Priđimo bliže prozoru.

Ustade, pruži joj gvozdenu ruku, približi se doksatu. Umilno pevanje slavuja podstaknu ga na niz poetskih i mitoloških napomena.

Ali Prišila ga oštro prekide: – Znači, slavuj peva o ljubavi. A mi...

– Ah! Ljubav! – uzviknu Ađilulfo prenuvši se, s trzajem u glasu tako naglim da se Prišila uplaši. A on se, iznenada, upusti u razmatranje ljubavne strasti. Oslonjena na njegovu ruku, Prišila ga gurnu u sobu u kojoj je najviše prostora zauzimao veliki krevet s baldahinom.

– Kod antičkih naroda, s obzirom na to da su ljubav smatrali božanstvom... – nastavljao je uporno Ađilulfo.

Prišila, okrenuvši ključ dva puta, zatvori vrata, približi mu se, nagnu se nad uzglavlje i reče: – Malo mi je hladno, kamin se ugasio...

– Stav antičkih naroda je kontroverzan – reče Ađilulfo – po pitanju toga da li je bolje voditi ljubav u hladnoj ili toploj sobi. No, savet naj...

– Oh, kako Vi znate sve o ljubavi...– šaputala je Prišila.

– Saveti većine njih, mada izuzimaju zagušljive prostorije, više naginju prirodno umerenoj toploti...

– Treba li da pozovem žene da upale vatru?

– Sam ću je potpaliti. – Pregleda drva nabacana u kamin, pohvali vatru ovog i onog drveta, nabroja različite načine potpale vatre na otvorenom, kao i u zatvorenim prostorijama. Prekide ga Prišilin uzdah; kao da postade svestan da su ova nova predavanja počela da raspršuju ljubavnu uzdrhtalost koja se malo-pomalo javljala, Ađilulfo brzo stade da ukrašava svoje pre-

82

davanje o vatrama činjenicama, poređenjima i aluzijama na toplinu osećanja i čula.

Prišila je smešeći se, sklopljenih očiju, pružala ruke ka plamenu koji je počinjao da pucketa, govoreći:

– Kakva božanstvena toplina... Kako mora da je divno uživati u njoj ležeći u postelji...

Pitanje kreveta navede Ađilulfa na novu seriju razmatranja: po njegovom mišljenju komplikovana veština nameštanja kreveta nije poznata franačkm služavkama, pa je stoga i u najplemenitijim zamkovima posteljina nedovoljno zategnuta.

– Oh, recite mi, zar i moj krevet?... – upita udovica.

– Svakako, Vaš krevet – krevet jedne kraljice, bolji je od bilo kog drugog u celom carstvu, ali dozvolite, moja želja da Vas vidim okruženu samo stvarima koje su Vas u svakom pogledu dostojne, dovodi me do toga da strepim zbog ovog nabora.

– Oh, taj nabor! – uzviknu Prišila, i sama obuzeta strastvenom željom za savršenstvom koju joj je Ađilulfo prenosio.

Ispreturavši krevet sve do slamarice, Ađilulfo stade da ga ponovo nameša po pravilima. Beše to razrađena operacija: ništa se ne sme prepustiti slučaju, treba koristiti tajne trikove. Naširoko ih je objašnjavao udovici. Ali, s vremena na vreme, pojavilo bi se nešto što ga je činilo nezadovoljnim, te je stalno počinjao ispočetka.

Iz drugog krila zamka odjeknu krik, kao neobuzdano mukanje ili njakanje.

– Šta to bi? – prenu se Prišila.

– Ništa, to je glas mog štitonoše – reče on.

Sa ovim urlikom mešali su se i drugi, oštriji, i poput vriske i uzdaha uzdizali do zvezda.

– Šta je sad ovo? – upita se Ađilulfo.

– Oh, to su devojke – reče Prišila – igraju se... znate... mladost.

Tako su nastavljali da nameštaju krevet, s vremena na vreme osluškujući zvukove noći.

– Gurdulu' viče...

– Kakvu graju prave ove žene...

– Slavuj...

– Zrikavci...

Krevet je konačno spreman, bez greške. Ađilulfo se okrete ka udovici. Odeća joj čedno skliznu na pod. Beše naga.

– Obnaženim damama se savetuje da – izjavi Ađilulfo – zarad najuzvišenije čulne emocije, zagrle ratnika u oklopu.

– Bravo! Meni si našao to da pričaš! – reče Prišila. – Nisam se valjda juče rodila! – I govoreći tako, skoči i uzvera se uz Ađilulfa, nogama i rukama stežući oklop.

A onda, jedan za drugim, isproba sve načine kako se oklop može zagrliti, pa iznemogla pade u krevet.

Ađilulfo se nagnu nad njeno uzglavlje. – Kosa – reče.

Svlačeći se, Prišila nije raščešljala visoku punđu svoje smeđe kose. Ađilulfo stade da joj objašnjava kakav značaj, u prenošenju osećanja, ima raspuštena kosa. – Da pokušamo?

– Ali – dodade – lukaviji je onaj ko je naklonjen nagoj ženi čija glava nije samo savršeno udešena, već je i ukrašena velovima i dijademama.

– Da pokušamo ponovo?

– Ja ću Vas očešljati. – Očešlja je prikazujući svoju spretnost pri ukrštanju pletenica, omotavši ih oko glave i pričrstivši ukosnicama. Potom napravi frizuru od velova i ogrlica. U tome prođe čitav sat, a Prišila, ugledavši se u ogledalu koje joj on pruži, shvati da nikada nije bila tako lepa.

Pozva ga da legne pored nje. – Kažu da je Kleopatra svake noći sanjala – reče joj on – da pored sebe u krevetu ima ratnika u oklopu.

– Nikada to nisam probala – poveri mu ona. – Svi se prethodno skinu.

– Pa dobro, sada ćete probati. – I sasvim lagano, da ne izgužva posteljinu, s celim oklopom uđe u krevet i mirno se ispruži kao u grobu.

– Zar nećete da odvežete ni mač s opasača?

– Ljubavna strast ne poznaje srednje rešenje.

Prišila, u zanosu, sklopi oči.

Ađilulfo se pridiže na lakat. – Vatra se dimi. Ustaću da pogledam zašto odžak ne vuče.

Kroz prozor se pomaljao Mesec. Vraćajući se od kamina ka krevetu, Ađilulfo se zaustavi: – Gospođo, hajdemo na bedeme da uživamo u ovoj poznoj mesečevoj svetlosti.

Ogrnu je svojim plaštom. Priljubljeni jedno uz drugo popeše se na toranj. Mesec je srebrom obasipao šumu. Sova je hukala. Pokoji prozor zamka beše još uvek osvetljen, a otuda, s vremena na vreme, dopirahu štitonošini uzvici, smeh, jauci ili njakanje.

– Sve u prirodi je ljubav...

Vratiše se u sobu. Kamin beše skoro ugašen. Čučnuše da duvaju u žar. Stojeći tako blizu, ružičasta Prišilina kolena ovlaš dotakoše njegova metalna. Tako se rodi jedna nova, čednija bliskost.

Kada je Prišila ponovo legla, prozor već okrznu prva jutarnja svetlost. – Ništa ne preobražava lice žene kao što to čine prvi jutarnji zraci – reče Ađilulfo, ali da bi joj lice bilo bolje obasjano svetlošću, beše primoran da pomeri krevet i baldahin.

– Kakva sam? – upita udovica.

– Božanstvena.

Prišila je bila srećna. Ali Sunce se brzo dizalo i da bi pratio zrake, Ađilulfo je morao neprestano da pomera krevet.

– Zora je – reče. Njegov glas već beše drugačiji. – Moja viteška dužnost zahteva da ovog časa krenem na put.

– Zar već! – zaječa Prišila. – Baš sad!

– Patim, plemenita damo, ali zove me veoma ozbiljan zadatak.

– Oh, bilo je tako lepo...

Ađilulfo savi kolena. – Blagoslovite me, Prišila. Ustade i poče da doziva štitonošu. Kružeći po celom zamku konačno ga pronađe – mrtvog umornog, zaspalog – u nekoj vrsti štenare. – Požuri, u sedlo! Ali morade da ga naglo natovari na leđa. Sunce se sve više pelo iscrtavajući po zlatu šumskih listova dve figure na konju: štitonošu koji se klati kao kakva vreća i uspravnog viteza koji se uzdiže poput tanane senke jasena.

Oko Prišile se skupiše dame i sluškinje.

– Kako je bilo, gospodarice, kako je bilo?

– Oh... nešto tako... kad biste samo znale! Kakav muškarac, kakav muškarac...

– Ali... recite nam... ispričajte nam... kakav je?

– Kakav muškarac... kakav muškarac... Kakva noć... čitave noći... raj...

– Ali, šta je učinio? Šta je učinio?

– Kako da vam kažem? Oh... kakva lepota, kakva lepota...

– Uprkos tome što je takav, ipak... kažete...

– Sada ne bih znala kako... Toliko toga... A vi, s onim štitonošom?...

– Šta? O, ništa... ne znam... možda si ti? Ne, ti?! Ma kakvi, ne sećam se...

– Ali kako? Čule ste se, drage moje...

– Ma, ko zna, jadničak, ja se ne sećam, ni ja se ne sećam, možda ti... ma kakvi: ja? Gospodarice, pričajte nam o njemu, o vitezu? Kakav je bio Ađilulfo?

– Ah, Ađilulfo!

IX

Ja koja pišem ovu knjigu, prateći jednu staru hroniku po skoro nečitljivim kartama, tek sada shvatam da sam ispunila stranice i stranice a da sam još uvek na početku svoje priče; sada tek počinju dogodovštine – pustolovna putovanja Ađilulfa i njegovog štitonoše u potrazi za dokazom o Sofronijinom devičanstvu, putovanja koja se ukrštaju s Bradamantinim, koja prati njih, a koju pak prate zaljubljeni Rambaldo, i Torizmondo u potrazi za vitezovima Grala. Ali ova nit, umesto da mi brzo klizne kroz prste, opušta se, zapinje i – samo kad pomislim koliko još puteva, prepreka, praćenja, prevara, dvoboja i viteških turnira moram da zabeležim – odmah osetim kako se gubim. I tako me je ovaj zadatak manastirske spisateljice, istrajno okajavanje traženjem reči, kao i razmišljanje o krajnjoj suštini promenilo: ono što pûk (pa i ja sama, sve dosad) smatra najvećom zabavom – ukrštanje avantura, od čega se sastoji svaki viteški roman – sada mi izgleda kao površni ukras, hladan friz, najnezahvalniji deo mog penzuma.

Želela bih da pojurim s pripovedanjem, da pripovedam žurno, i svaku stranicu ukrasim dvobojima i bitkama koliko bi ih bilo dovoljno za čitav ep, ali kad se zaustavim i počnem da čitam, primećujem da pero na listu nije ostavilo nikakav trag, i da su stranice ostale bele.

Kad bih pripovedala onako kako bih želela, onda bi ova bela stranica bila načičkana crvenkastim liticama, a potom bi se pretvorila u peščanu plažu punu oblutaka po kojoj raste bodljikavo rastinje kleke. Tamo, usred svega toga, slabo obeleženim vijugavim puteljkom, prolazio bi, uspravan u sedlu, Ađilulfo spreman za napad. Ali, osim vrletnog predela ova stranica bi istovremeno trebalo da predstavlja i nebesku kupolu koja se uz njega tako nisko privila, da tu ima mesta još samo za kreštavi let gavrana. Trebalo bi da perom mogu da izrezbarim ovaj list, ali sasvim lagano, tako da izgleda kao da se travnatim poljem vuku tragovi nevidljive zmije, a pustarom prolazi divlji zec koji izlazi na čistinu, zaustavlja se, kratkim brkovima njuška unaokolo i odmah nestaje.

Sve se kreće po glatkoj stranici, a ništa se ne vidi; ništa se ne menja na njenoj površini, kao što se, u suštini, ništa ne menja, a sve se kreće i na smežuranoj kori sveta. Uostalom, ne postoji ništa drugo osim prostranstva iste materije (poput ovog lista po kome pišem) koja se skuplja i sažima u različite oblike i veličine, u raznobojne nijanse... Ta materija ipak može da se zamisli razlivenom po nekoj glatkoj površini, čak i kada bi bila rutava, pernata ili čvornovata, nalik kornjačinom oklopu, jer ponekad se čini kao da se i ta rutavost, pernatost ili čvornovatost pokreću. Možda su to samo promene odnosa između različitih kvaliteta raspoređenih unaokolo u jedinstvenu materiju, a u suštini – ništa se ne kreće. Moglo bi se reći da jedini koji se ovde kreće jeste Ađilulfo – ne kažem njegov konj, ne kažem ni njegov okop – već nešto usamljeno, uznemireno, okrenuto sebi samom, što u oklopu upravo putuje na konju. Oko njega listovi padaju sa grana, zdelama teku reke, ribe plivaju u reci, gusenice grickaju lišće, kornjače teška trbuha vuku se po zemlji. Ali sve je to samo iluzija pokreta, neprestano obrtanje i premetanje, poput vode u talasu. U tom talasu obrće se i premeće Gurdulu', zatočenik ćilima života, i sam ulepljen u istu žitku masu sveta, zajedno sa šišarkama, ribama, gusenicama, kamenjem, lišćem – običnim izraslinama na kori sveta.

Kako mi tek teško polazi za rukom da na ovoj karti označim Bradamantinu ili Rambaldovu trku, ili pak trku mračnog Torizmonda! Sve bi to trebalo da se vidi na jednoobraznoj površini. To se može postići kada se s druge strane lista čiodom povlače linije... njihovo pomaljanje, napetost izranjanja, uvek su opterećeni i natopljeni sveprisutnom žitkom masom sveta. Upravo u tome i jeste smisao, jeste lepota i bol... Upravo tu je pravo trenje i pokret.

Kako uopšte da nastavim priču kad ovako počnem da trošim bele listove i, iskopavajući po njima doline i klance, nameštam da njima prolaze useci i nabori kojima jezde paladini? Da bih sebi olakšala pripovedanje, bolje bi mi bilo da nacrtam mapu, s nežnom zemljom Francuskom, ponosnom Bretanjom i Engleski kanal prepun crnih talasa... tamo gore Škotsku, a dole oštre Pirineje, Španiju još uvek u rukama nevernika, i Afriku – majku zmija. Možda bih onda, strelicama, krstićima i brojevima mogla da označim putanju svakog junaka. I gle, evo, uprkos krivinama, brzom linijom već mogu da prikažem Ađilulfa kako se iskrcava u Engleskoj, i uputim ga ka manastiru u koji se još pre petnaest godina povukla Sofronija.

Stiže, a manastir je samo gomila ruševina.

– Isuviše kasno stižete, plemeniti viteže – reče mu jedan starac. – Doline još uvek odzvanjaju kricima tih nesrećnica. Flota mavarskih pirata, koja se nedavno iskrcala na ovim obalama, poharala je manastir i u roblje odvela sve monahinje, a pod zidine podmetnula vatru.

– Odvela? Kuda?

– U Maroko gde će ih prodati kao robinje.

– Da li je među tim monahinjama bila i Sofronija koja je, pre nego što se zamonašila, bila kći kralja Škotske?

– A, hoćete da kažete sestra Palmira? Da li je bila? Ti lupeži su je odmah natovarili na leđa! Iako ne baš mlađana, još uvek je veoma dopadljiva. Sećam se, kao da je danas bilo, kako je urlala kad su je sčepali ti odvratni pirati.

– Da li ste prisustvovali pljački?

– Nego šta, mi iz sela, zna se, uvek smo na trgu.

– I niste pritrčali u pomoć?

– Kome? Pa, gosparu moj, šta biste Vi hteli, tako iznenada... nismo dobili naređenje... nismo ni iskustva imali. Između toga da nešto učinimo i da to učinimo rđavo, odlučili smo da je najbolje da ne uradimo ništa.

– A... kažite mi... ta Sofronija... u manastiru... je li pobožno živela?

– U ovom manastiru ima svakojakih monahinja, ali sestra Palmira je bila najmilosrdnija i najčednija u celoj biskupiji.

– Brzo, Gurdulu', pođimo u luku i ukrcajmo se za Maroko.

Sve ovo što sada obeležavam talasastim linijama – more je, okean zapravo; sada crtam brod kojim putuje Ađilulfo, a malo dalje ogromnog kita, sa svitkom i natpisom „Okean – more". Ova strelica označava putanju broda. Mogla bih da nacrtam još jednu koja bi prikazivala putanju kita; ali gle – sudaraju se. Dakle, ovde, na okeanu, sudariće se kit i brod, pa pošto sam kita nacrtala većeg, brod će izvući deblji kraj. Sada crtam puno strelica koje su ukrštaju u svim pravcima, kako bih označila da se tu, između kita i broda, odvija žestoka borba. Ađilulfo se baca na kita kao da mu je ravan, i svojim kopljem probada mu bok. Poklapa ga odvratan mlaz kitovog loja, što predstavljam linijama koje se razdvajaju. Gurdulu' skače na kita zaboravljajući na brod. Jedan udarac repom i... brod se prevrće. U svom gvozdenom oklopu Ađilulfo mora odmah da potone. Pre nego što ga talasi potpuno poklope, uzvikuje štitonoši: – Naći ćemo se u Maroku! Ja idem pešice!

U stvari, potonuvši milje i milje u dubinu, Ađilulfo se spusti na peskovito morsko dno, te stade da hoda prilično hitro. Često nailazi na morska čudovišta i brani se udarcima sablje. I sami znate šta je jedina nezgoda za oklop na dnu mora – rđa. Ali pošto je, od glave do pete, natopljen kitovim lojem, njegov beli oklop ostaje netaknut..

Sada u okeanu crtam kornjaču. Gurdulu' je, pre nego što je shvatio da ne treba more da bude u njemu već da on treba da bude u moru, progutao čitavu pintu slane vode. Konačno zgrabi oklop velike morske kornjače. Prepuštajući se da ga ona nosi (pritom pokušavajući da je ćuškanjem i štipanjem usmerava) dođe do obale Afrike. Tu se uplete u ribarske mreže Saracena.

Kad izvukoše mreže na obalu, ribari ugledaše kako se, s praćakavim jatom barbuna, pojavljuje i čovek u plesnivom odelu, potpuno prekriven morskom travom. – Čovek-riba! Čovek-riba! – povikaše.

– Ma kakav čovek-riba. To je Gudi-Jusuf! – reče glavni ribar. – To je Gudi-Jusuf, poznajem ga.

Gudi-Jusuf je, u stvari, bilo jedno od imena koje je Gurdulu' stekao pored muhamedanskih kuhinja, kada je, i ne primetivši, prešao borbene linije i našao se u sultanovom logorištu. Glavni ribar bio je vojnik mavarske vojske u Španiji i poznajući Gurdulua kao čoveka gruba izgleda ali nežne duše, povede ga sa sobom da postane lovac na ostrige.

Jedne večeri, ribari, među kojima je bio i Gurdulu', sedeše na kamenju marokanske obale. Dok su otvarali jednu od ostriga koje su ulovili, iz vode se pomoli čelenka, šlem, pancir – sve u svemu ceo celcati oklop, koji se, hodajući korak po korak, približavao obali. – Čovek-jastog! Čovek-jastog! – povikaše prestrašeni ribari i potrčaše da se sakriju iza hridi.

– Ma kakav čovek-jastog! – reče Gurdulu' – To je moj gospodar! Jeste li iscrpljeni, viteže? Jeste li prepešačili ceo put?

– Uopšte nisam umoran – odgovori Ađilulfo. – A ti, šta ti radiš ovde?

– Tražimo bisere za sultana – upade u razgovor bivši vojnik – jer on svake večeri jednoj od svojih žena mora da pokloni po jedan novi biser.

Pošto je imao trista šezdeset i pet žena, sultan je, svake noći, posećivao po jednu, pa je, dakle, svaku ženu posećivao samo jednom u toku godine. Imao je običaj da onoj koju poseti donese na poklon biser, te su stoga trgovci svakoga dana morali da mu nabave po jedan novi. Kako su trgovci toga dana potrošili sve svoje zalihe, obratiše se ribarima da im ovi, po svaku cenu, nabave jedan biser.

– Zašto se Vi, koji tako dobro uspevate da hodate po morskom dnu – reče Ađilulfu bivši vojnik – ne pridružite našem poduhvatu?

– Jedan vitez ne pridružuje se poduhvatima čiji je cilj zarada, posebno ako ih izvode neprijatelji njegove vere. Zahvaljujem Vam, o paganine, što ste spasili i hranili ovog mog štitonošu, ali to što vaš sultan večeras neće moći da pokloni biser svojoj trista šezdeset i petoj ženi nije ni najmanje moja briga.

– Nama je to veoma važno, jer će u protivnom narediti da nas izbičuju – reče ribar. – Večeras neće, kao i obično, biti svadbene večeri. Nova žena je večeras na redu, a sultan je posećuje prvi put. Prošla je skoro cela godina otkako ju je kupio od nekih pirata, i ona je sve do sada čekala svoj red. Nezgodno je da joj se sultan predstavi praznih ruku, utoliko pre što se radi o nekome ko je vaše vere, kraljevskog porekla, Sofroniji iz Škotske, koju su u Maroko doveli kao robinju i odmah je namenili ženskim odajama našeg sultana.

Ađilulfo sakri svoja osećanja. – Pomoći ću vam da se izvučete iz neprilike – reče. – Neka trgovci predlože sultanu da novoj ženi ne donese biser koji obično donosi, već poklon koji može da ublaži njenu čežnju za dalekom zemljom – oklop hrišćanskog ratnika.

– A gde da nađemo taj oklop?

– Daću vam svoj! – reče Ađilulfo.

Sofronija je, u svom stanu ženske palate čekala da dođe veče. Kroz zašiljene rešetke na prozorima posmatrala je palme u vrtu, ribnjak, leje. Sunce se spuštalo, mujezin je pozivao na molitvu, a u vrtu se otvaralo mirisno cveće sutona.

Neko lupa. Kucnuo je čas! Ne, kao i obično – evnusi. Donose poklon od sultana. Oklop. Potpuno beli oklop. Šta li to treba da znači? Sofronija se, ponovo sama, pomeri prema prozoru. Stoji tako već čitav sat. Čim je kupljena, dodelili su joj ulogu koju imaju pomalo odbačene žene na koje dođe red posle više od jedanaest meseci. Boraviti tamo, u ženskim odajama, dan za danom, ništa ne radeći, beše dosadnije nego u manastiru.

– Ne plašite se, plemenita Sofronija – reče glas iza njenih leđa. Okrete se. To je oklop govorio. – Ja sam Ađilulfo od Gvildirvernijevih, onaj koji je i prošli put spasao Vašu neporočnu vrlinu.

– Oh, u pomoć! – prenu se sultanova nevesta. A onda, došavši k sebi, reče: – A... da... učinilo mi se da mi taj beli oklop nije sasvim nepoznat. Vi ste onaj koji je, pre mnogo godina, stigao u pravi čas, da spreči da me onaj razbojnik iskoristi...

– I sada stižem u pravi čas da Vas spasem sramote paganskog venčanja.

– Da... Uvek ste Vi onaj...

– Sada ću Vas, štiteći Vas ovim mačem, otpratiti do mesta koje nije pod sultanovom vlašću.

– Da... Razume se...

93

Kad evnusi stigoše da najave sultanov dolazak, Ađilulfo ih sve pobi. Umotana u plašt, Sofronija je trčala pored Ađilulfa kroz vrtove. Terdžumani objaviše uzbunu. Malo šta su teške, krive istočnjačke sablje mogle protiv preciznog i lakog mača ratnika u belom panciru. Dok se taj oklop sasvim dobro nosio s kopljima čitavog odreda, Gurdulu' je, s konjima, čekao iza jednog kaktusa. U luci, jedrenjak s dva jarbola već beše spreman da krene ka hršćanskim zemljama. Sofronija je, sa gornje palube, posmatrala kako se palme na obali udaljavaju.

Sada, ovde u moru, ucrtavam jedrenjak s dva jarbola. Crtam ga malo većeg nego prethodni brod da se, ako i naiđe na kita, ne dogodi nesreća. Ovom krivom linijom označavam putanju jedrenjaka koji bih želela da dovedem do San Maloa. Problem je što ovde, u visini Biskajskog zaliva već postoji takva gomila linija koje se ukrštaju, da je bolje da jedrenjak provedem malo više sa ove strane, pa onda gore, ovuda, ovuda, i evo... dođavola... udara u grebene Bretanje! Brodolom! Brod tone, a Ađilulfo i Gurdulu' s mukom uspevaju da odvedu Sofroniju na obalu, na sigurno.

Sofronija je umorna. Ađilulfo odlučuje da je skloni u jednu pećinu dok on, zajedno sa štitonošom, treba da stigne do logora Karla Velikog kako bi objavio da je netaknuto kako devičanstvo tako i legitimitet njegovog imena. Sada pećinu označavam krstićem, tu, na bretonskoj obali, da bih kasnije mogla da je pronađem. Ne znam šta predstavlja ova linija koja prolazi kroz ovu tačku: moja je mapa sad već zamršeni splet crta koje se granaju u svim pravcima. Ah, evo jedne linije koja odgovara Torizmondovom putu. Dakle, zamišljeni mladić baš tuda prolazi, dok Sofronija leži u pećini. On se približi pećini, uđe, i ugleda je.

X

Kako je Torizmondo dospeo tamo? U vreme kada je Adilulfo prelazio iz Francuske u Englesku, iz Engleske u Afriku i iz Afrike u Bretanju, tobožnji mlađi sin vojvode od Kornvola prolazio je uzduž i popreko šumama hrišćanskih naroda u potrazi za tajnim logorištem Vitezova Svetoga Grala. Kako Sveti Gral iz godine u godinu običava da menja svoje stanište, nikada ne otkrivajući svoje prisustvo bezbožnicima, Torizmondo nije nailazio ni na kakve naznake koje bi na svom putu sledio. Išao je nasumice, prateći davno osećanje koje je za njega bilo isto što i ime Grala. Da li je tražio Red pobožnih vitezova ili je, možda, sledio sećanje na svoje detinjstvo u pustarama Škotske? Katkad bi ga, iznenadno pojavljivanje crne doline ariša, ili ponor sivih stena u čijem bi podnožju tutnjala planinska reka sva bela od pene, ispunjavali nekim nejasnim osećanjem koje je on prihvatao kao opomenu. „Evo, možda su ovde, blizu su." A ako bi se odatle oglasio daleki, mukli zvuk roga, za Torizmonda više nije bilo sumnje; počinjao bi, pedalj po pedalj, da pretražuje svaki klanac tražeći nekakav trag. U najboljem slučaju nabasao bi na pokojeg izgubljenog lovca ili pastira sa njegovim stadom.

Stigavši u drevnu zemlju Kurvaldiju, zaustavi se u jednom selu i od seljana zatraži milostinju – malo sira i crnog hleba.

– Što da ne, vrlo rado bismo Vam dali, mladi gospodaru – reče jedan kozar – ali vidite da smo se i ja, moja žena i deca pretvorili u kosture! Ogromni su prilozi koje moramo da dajemo vitezovima! Ova šuma vrvi od vaših drugara, mada su oni malo drugačije odeveni. Ima ih cela trupa, a što se tiče snabdevanja... znate... svi su na našoj grbači

– Vitezovi koji žive u šumi? A kako su obučeni?

– Plašt im je beo, šlem od zlata sa dva bela labudova krila sa strane.

– Jesu li mnogo pobožni?

– Pa da su pobožni – pobožni su. I uopšte ne prljaju ruke novcem, jer nemaju ni prebijene pare. Ali zato imaju mnogo zahteva kojima mi treba da udovoljimo! Sad stežemo kaiš – nemaština je. Šta li ćemo im dati kad dođu sledeći put?

Mladić potrča ka šumi.

U polju, kroz mirnu vodu potoka, lagano je prolazilo jato labudova. Kroz lisnato granje začu se arpeđo: „Trjan, trjan, trjan!" Mladić je išao napred, a zvuk ga je čas pratio, čas bio ispred njega. Kroz razređeno lišće iskrsnu jedna prilika. Beše to ratnik, s kacigom ukrašenom belim krilima, koji je nosio koplje a zajedno s njim i malu harfu na kojoj je, s vremena na vreme, isprobavao ovaj akord: „Trjan, trjan, trjan!" Ništa ne izusti; njegov pogled nije izbegavao Torizmonda, ali je prelazio preko njega kao da ga i ne primećuje, pa ipak se činilo da ga prati: kada bi se debla i žbunje razmakli, pomogao bi mu da ponovo pronađe put pozivajući ga jednim od svojih arpeđa: „Trjan, trjan, trjan!" Torizmondo bi želeo da razgovara s njim, da ga nešto upita, ali ga je, preplašen, samo ćutke pratio.

Izbiše na jedan proplanak. Na sve strane nalazili su se ratnici naoružani kopljima, sa zlatnim pancirima, obavijeni dugačkim, belim plaštovima, nepomični, svaki okrenut na drugu stranu, pogleda uprtog u prazninu. Jedan od njih krupnim zrnevljem kljukao je labuda okrenuvši pogled na drugu stranu.

Na novi sviračev arpeđo, ratnik na konju odgovori podignutim rogom puštajući dugačak zov. Kad utihnu, svi ratnici se pokrenuše, načiniše po nekoliko koraka, svaki u svom pravcu, te se ponovo zaustaviše.

– Vitezovi... – s naporom izusti Torizmondo – izvinite, možda grešim, ali da niste vi možda Vitezovi Gra...

– Nikada ne izgovaraj to ime! – prekida ga glas iza leđa. Kraj njega se nađe sedokosi vitez. – Zar ti nije dovoljno što si došao da poremetiš našu pobožnu koncentraciju?

– Oh, izvinite! – obrati mu se mladić. – Tako sam srećan što sam među vama! Kad biste samo znali koliko sam vas tražio!

– Zašto?

– Zato što... – njegov nemir da obelodani svoju tajnu beše jači od bojazni da će počiniti svetogrđe – ... što sam vaš sin!

Vremešni vitez ostade ravnodušan. – Ovde nema očeva i sinova – reče posle trenutka tišine. – Ko stupi u Sveti Red napušta sve zemaljske veze.

Torizmondo se, više nego odbačen, oseti razočaran: možda je i mogao da očekuje prezrivo odbijanje tih svojih neporočnih otaca, koje bi on mogao da pobije navodeći dokaze, prizivajući zov krvi; ali ostade obeshrabren tim tako staloženim odgovorom, koji nije negirao mogućnost činjenica, već je, iz principa, odbacivao svaku raspravu.

– Ničemu drugom ne težim osim da me ovaj Sveti Red, kome se neizmerno divim – pokuša da insistira – prizna za svog sina.

– Ako se toliko diviš našem Redu – reče starac – ne bi trebalo da imaš drugih težnji osim da i sam u njega stupiš.

– Kažete da je to moguće? – odmah uzviknu Toriz-
mondo, privučen novom mogućnošću.

– Kada budeš postao dostojan toga.

– Šta treba da uradim?

– Da se postepeno lišiš svake strasti i prepustiš lju-
bavi Svetog Grala.

– Oh, Vi izgovarate njegovo ime!

– Nama vitezovima to je dopušteno; vama bezbo-
žnicima – ne.

– Ali, recite mi, zašto ovde svi ćute a jedino Vi go-
vorite?

– Ja sam zadužen za odnose s bezbožnicima. Bu-
dući da su reči često nečiste, vitezovi ih se radije odri-
ču, osim kad dopuštaju da kroz njihove usne govori
Gral.

– Recite mi, šta treba da radim da bih počeo?

– Vidiš li onaj javorov list? Na njemu je kapljica
rose. Stani mirno i netremice gledaj tu kapljicu na li-
stu, poistoveti se s njom, zaboravi na sve ovozemalj-
ske stvari, sve dok ne osetiš da si izgubio sebe i da te
prožima beskrajna moć Grala.

Ostavi ga tamo. Torizmondo je netremice gledao
kapljicu, gleda, gleda, dođe mu da razmišlja o nečemu
što mu padne napamet, ugleda pauka kako se spušta
niz list, gleda pauka, gleda ga, ponovo poče da gleda
list, pomeri stopalo koje mu je utrnulo... uh! Beše mu
dosadno. Oko njega su se pojavljivali, a onda opet ne-
stajali u šumi, vitezovi lagana koraka, otvorenih usta i
razrogačenih očiju; pratili su ih labudovi kojima bi
ovi, s vremena na vreme, pomilovali meko perje. Po-
neki od vitezova bi, s vremena na vreme, širio ruke i
načas potrčao, ispuštajući krik olakšanja.

– A oni tamo – ne mogaše da se suzdrži Torizmon-
do a da ne upita starca, koji se stvori pored njega – šta
to oni rade?

– To je ekstaza – reče starac – to je nešto što ti ni-
kada nećeš upoznati ako budeš tako rasejan i rado-

znao. Ta braća su konačno dospela da potpunog jedinstva sa univerzumom.

– A ovi drugi? – upita mladić. Nekoliko vitezova išlo je njišući kukovima, napućenih usana, kao da ih je obuzela slatka jeza.

– Još uvek su u prelaznoj fazi. Pre nego što iskušenik oseti da je sjedinjen sa Suncem i zvezdama, on ima osećaj da u sebi nosi samo ono što mu je najbliže. Ali, to osećanje je veoma snažno. Ono ostavlja izvestan utisak, naročito na najmlađe. Ovoj našoj braći koju sad gledaš, proticanje potoka, šuštanje lišća, podzemni rast pečuraka prenosi neku vrstu prijatnog, veoma blagog golicanja.

– I ne umore se, na duže staze?

– Malo-pomalo dostižu viša stanja u kojima ih ne zaokupljaju samo najbliže vibracije, već veliki dah neba, te se tako, sasvim polako, odvajaju od svojih osećaja.

– Događa li se to svima?

– Samo malom broju. U potpunosti samo jednom od nas, Izabranom, Kralju Grala.

Dospeše do čistine na kojoj je mnoštvo vitezova radilo vežbe oružjem, ispred nekakve tribine s baldahinom. Pod njim je sedeo, ili bolje reći skupio se, nepomičan, neko ko je više ličio na mumiju nego na čoveka, i on odeven u uniformu Grala, ali raskošniju. Oči, na kao kesten usahlom licu, behu otvorene, skoro razrogačene.

– Ali, je l' živ?

– Živ je, no njega je toliko obuzela ljubav Grala, da više ne oseća potrebu ni da jede, ni da se kreće, da vrši nuždu, gotovo ni da diše. Ne vidi, niti čuje. Niko ne zna njegove misli. One odražavaju putanje dalekih planeta.

– Zašto mu priređuju vojnu paradu, ako ne vidi i ne čuje?

– To potpada pod ritual Grala.

Vitezovi su vežbali mačevalačke napade. Skokovito su zamahivali mačevima, zureći u prazno, a njihovi pokreti behu čvrsti i iznenadni, kao da nikada ne mogu da predvide šta će se dogoditi koji tren kasnije. Pa ipak, nijedan njihov udarac ne beše pogrešan.

– Kako uspevaju da se bore tako poluuspavana izraza lica?

– To Gral koji je u nama pokreće mačeve. Ljubav vaseljene može se preobratiti u strahovitu žestinu i nagnati nas da, s ljubavlju, probodemo neprijatelja. Naš Red nepobediv je u ratu, upravo stoga što se borimo ne čineći nikakav napor ni izbor, već prepuštamo da se kroz naša tela oslobodi sveta moć.

– I uvek vam uspeva?

– Da, onima koji su izgubili poslednji ostatak ljudske želje i koji dopuste da im snaga Grala pokreće svaki, i najmanji pokret.

– I najmanji pokret? I sada dok hodate?

Starac je hodao poput mesečara. – Naravno. Ne pokrećem ja svoja stopala: dopuštam da budu pokrenuta. Probaj. Sve odatle počinje.

Torizmondo pokuša, ali ne pronađe način da mu to pođe za rukom, a uostalom u tome nije ni osećao nikakavo zadovoljstvo. Tu je zelena, olistala šuma, sva lepršava i puna zvukova, kojom bi on želeo da trči, slobodan, da otkriva divljač, da toj senci, toj tajni, toj tuđoj prirodi suprotstavi sebe, svoju snagu, svoj napor, svoju hrabrost. A on treba da stoji i klati se kao da je paralisan.

– Prepusti se – posavetova ga starac – prepusti se univerzumu.

– Ali ono što bih ja zaista želeo – prasnu Torizmondo – jeste da ja posedujem sve, a ne da neko poseduje mene.

Starac prekri lice ukrštenim rukama tako da istovremeno poklopi usta i zapuši uši. – Pred tobom je dug put, momče.

100

Torizmondo ostade u logoru Grala. Trudio se da nauči, da podražava svoje očeve ili braću (više nije znao ni kako da ih zove), pokušavao je da uguši svaki pokret duše koji bi mu se učinio suviše svojim, da se sjedini s beskrajnom ljubavlju Grala, pažljivo je osluškivao i najmanju naznaku tih neizrecivih osećaja koji vitezove dovode do ekstaze. Ali dani su prolazili, a njegovo pročišćenje nije ni za korak napredovalo. Sve što se njima najviše dopadalo, njemu je bilo dosadno: ti glasovi, ta muzika, to neprekidno stajanje kako bi se osetile vibracije, a naročito neprestano prisustvo sabraće. Onako odeveni, polunagi sa zlatnim oklopima i kacigama, potpuno bele puti, neki od njih već postariji, drugi mladići, nežni, razdražljivi, ljubomorni, preosetljivi – postajali su mu sve nesimpatičniji. Uostalom, kao i ta priča kako ih pokreće Gral, dok su se prepuštali svakoj vrsti razuzdanosti naglašavajući pritom da su uvek čisti.

I sama pomisao da on sam može da postane takav zureći u prazno, čak i ne vodeći računa o onome što oni rade, zaboravljajući se, postade mu neizdrživa.

Dođe i dan ubiranja danka. Sva sela koja su se nalazila u blizini šume morala su, u određenom vremenskom periodu, da isporuče vitezovima Grala određenu količinu belog sira, košarica šargarepe, džakova ječma, jaganjaca.

Usledi poruka seljana. – Želeli smo da vas obavestimo da je ova godina, u celoj zemlji Kurvaldiji, bila mršava. Ne znamo ni kako da nahranimo svoje porodice. Oskudica pogađa i bogate i siromašne. Pobožni vitezovi, ovde smo da vas ponizno molimo da nam ovaj put oprostite danak.

Kralj Grala, pod baldahinom, ostade miran, ćuteći kao i uvek. Iznenada, polagano razdvoji ruke koje mu behu ukrštene na trbuhu, podiže ih ka nebu (imao je veoma dugačke nokte), i iz njegovih usta izađe: Iiiiih...

Na taj zvuk, svi vitezovi uperiše koplja za napad na jadne Kurvalde. – Pomoć! Branimo se!– povikaše ovi. – Požurimo da se naoružamo sekirama i kosama! – i razbežaše se.

Vitezovi, pogleda uprtih u nebo, na zvuk roga, po noći umaršíraše u kurvaldska sela.

Iza nizova hmelja i sa puteljka iskakaše seljani naoružani kosama i kosirima, pokušavajući da im onemoguće prolaz. Ali malo šta su mogli protiv neumoljivih kopalja vitezova. Savladavši nejaku odbranu branilaca, teškim vojničkim konjima ustremiše se na kolibe od kamena, slame i blata, rušeći ih kopitama, gluvi na ciku žena, teladi i dece. Ostali vitezovi držaše upaljene baklje i podmetaše požar po krovovima, senicima, štalama, bednim ambarima, sve dok se sela ne pretvoriše u lomače što bleje i urlaju.

Torizmondo, i sam uvučen u jurnjavu vitezova, ostade zaprepašćen. – Ali... recite mi... zašto? – viknu starcu prateći ga, jedinom koji bi mogao da ga čuje. – Znači, nije istina da vas je obuzela ljubav prema svemu! Hej, pazite, zgazili ste staricu! Kako imate srca da se iživljavate nad ovim napuštenim ljudima? U pomoć, plamen ide ka onoj kolevci! Ma šta radite?

– Nećeš valjda da ispituješ namere Grala, novajlijo! – prekori ga starac. – Ne radimo to mi; to nas Gral u nama pokreće! Prepusti se njegovoj žestokoj ljubavi!

Torizmondo sjaha i pohrli da pomogne majci stavljajući joj u ruke dete koje je palo.

– Ne! Ne odnosite mi celu letinu! Toliko sam se mučio! – urlao je neki starac.

Torizmondo se odmah stvori kraj njega. – Pusti džak, razbojniče! – i ustremi se na viteza istrgnuvši mu oteto.

– Blažen da si! Ostani sa nama! – rekoše neki od tih jadnika koji su vilama, kamama i sekirama, još uvek pokušavali da, iza nekog zida, zauzmu odbrambeni položaj.

– Rasporedite se u polukrug, svi ćemo zajedno udariti na njih!– povika im Torizmondo, i stavi se na čelo ove seoske vojske Kurvalda.

Iz kuća je isterivao vitezove. Nađe se, licem u lice, sa starcem i dvojicom naoružanih bakljama. – Izdajnik! Uhvatite ga!

Otpoče žestok okršaj. Kurvaldi su napadali lovačkim kopljima, a žene i deca kamenicama. Iznenada se začu rog. – Povlačenje! – Pred pobunom Kurvalda, vitezovi su se u više navrata povukli, a sada su i napuštali selo.

Ustuknu i odred koji je stezao obruč oko Torizmonda. – Bežite, braćo! – uzviknu starac – Prepustimo se da nas vodi Gral!

– Neka pobedi Gral! – povikaše u horu ostali i okrenuše uzde.

– Živeo! Spasao si nas! – seljani su se tiskali oko Torizmonda.

– Jesi vitez, al' si velikodušan! Konačno i jedan takav! Ostani sa nama! Daćemo ti šta poželiš!

– Sada već... šta želim... više i ne znam... – mrmljao je Torizmondo.

– Pre ove bitke ni mi ništa nismo znali, čak ni da smo ljudska bića... A sada nam se čini da možemo... da želimo... da moramo da učinimo sve... Mada je teško... – i okrenuše se i odoše da oplakuju svoje mrtve.

– Ne mogu sa vama da ostanem... Ne znam ko sam... Zbogom... – i odjuri galopom.

– Vrati se! – vikali su mu ljudi, ali Torizmondo je već odmakao daleko od sela, od šume Grala, od Kurvaldije.

Nastavi da luta po raznim zemljama. Do sada je prezirao svaku počast i svako zadovoljstvo, i čeznuo samo za idealom Reda Vitezova Svetog Grala. Sada, kada je taj ideal iščezao, koji je cilj mogao da zada svom nemiru?

Hranio se divljim voćem po šumama, čorbama od pasulja po manastirima na koje bi usput nabasao, morskim ježevima sa stenovitih obala. A na plaži Bretanje, tražeći ježeve, u pećini, evo... ugleda usnulu ženu.

Ona želja koja ga je vodila po svetu – žudnja za mestima baršunastim od nežnog rastinja, preko kojih vetar toliko nisko prelazi da skoro dotiče tlo, žudnja za bistrim danima bez sunca – evo, kao da će konačno biti utoljena pogledom na duge crne trepavice spuštene na punačke i blede obraze, klonulo nežno telo, ruku spuštenu na oble grudi, meku raspuštenu kosu, usne, bedra, nožne palčeve, dah.

Upravo ju je posmatrao, nagnut nad njom, kad Sofronija otvori oči. – Nećete me povrediti – krotko reče. – Šta tražite među ovim pustim hridinama?

– Tražim nešto što mi je oduvek nedostajalo a što tek sada, kada Vas gledam, znam šta je. Kako ste dospeli na ovu obalu?

– Iako još uvek bejah monahinja nateraše me da se udam za jednog sledbenika Muhameda, što se ipak nikada nije dogodilo budući da sam bila trista šezdeset i peta žena. Uplitanjem hrišćanskog oružja dospela sam ovde, pored ostalog i kao žrtva brodoloma koji nas je pri povratku zadesio, kao što sam i prilikom odlaska bila žrtva pljačke divljih pirata.

– Shvatam. Jeste li sami?

– Kako sam razumela, spasilac je otišao do carskog logorišta da nešto obavi.

– Želeo bih da Vam ponudim zaštitu svog mača, ali se plašim da osećanje koje me je obuzelo kada sam Vas ugledao prevazilazi ovu nameru, te Vi to možete smatrati nepoštenim.

– Oh, ne ustežite se, znate, nagledala sam se ja svačega. Mada uvek kada treba da se pređe na stvar, iskoči spasilac, uvek isti.

— Hoće li i ovoga puta doći?

— Nikad se ne zna.

— Kako se zovete?

— Azira ili sestra Palmira. U zavisnosti od toga da li sam u sultanovom haremu ili u manastiru.

— Azira, čini mi se da sam Vas oduvek voleo... da sam se već u Vama izgubio...

XI

Karlo Veliki je jahao prema obali Bretanje. – Sad ćemo da vidimo, videćemo Ađilulfo, strpite se. Ako je ono što ste mi rekli istina, ako je ta žena još uvek devica kao i pre petnaest godina, nema šta, Vi ste s punim pravom vitez-vojnik, a onaj mladić će morati to da prihvati. Da bih se u to potpuno uverio, naredio sam da s nama pođe i jedna snaša iskusna u ženskim stvarima; mi vojnici... za te stvari... pa... nemamo ruku...

Starica je, podignuta na Guduluovog konja, mrmljala – Da, da, Vaša Visosti, sve će biti u najboljem redu, i ako budu blizanci... – beše gluva i još uvek nije shvatala o čemu se radi.

U pećinu uđoše dvojica oficira iz pratnje, s bakljama. Vratiše se zbunjeni: – Gospodaru, devica leži u zagrljaju mladog vojnika.

Izvukoše ljubavnike pred cara.

– Ti, Sofronija! – uzviknu Ađilulfo.

Karlo Veliki naredi mladiću da podigne glavu. – Torizmondo!

Torizmondo skoči ka Sofroniji. – Ti si Sofronija? Ah, majko moja!

– Sofronija, poznajete li ovog mladića? – upita car.

Žena spusti glavu, prebledela. – Ako je to Torizmondo, onda sam ga ja odgojila – jedva čujno izusti.

Torizmondo uskoči u sedlo. – Počinio sam sramni incest! Nikada me više nećete videti! – obode konja nadesno i pojuri prema šumi.

I Ađilulfo pobode konja. – Ni mene nećete više videti! – reče – Ja više nemam ime! Zbogom! – i uputi se levo, ka šumi.

Svi ostadoše zaprepašćeni. Sofronija je rukama prekrila lice.

Začu se galop s desne strane. To se Torizmondo, velikom brzinom, vraća iz šume. Uzvikuje: – Ali kako? Ako je do maločas bila devica? Kako mi to odmah nije palo napamet? Bila je devica! Ne može da mi bude majka!

– Hoćete li da nam objasnite? – upita Karlo Veliki.

– U stvari, Torizmondo nije moj sin, već moj brat, bolje reći polubrat – reče škotska kraljica. – Naša majka, budući da je kralj, moj otac, godinama bio u ratu, donela ga je na svet posle slučajnog susreta, izgleda, sa Svetim Redom Vitezova Grala. Kako je kralj najavio svoj povratak, ovo podmuklo stvorenje (prinuđena sam da tako procenim našu majku) pod izgovorom da me je s bratom poslala u šetnju, učini sve da se u šumi izgubim. Za svog muža koji je trebalo da se vrati, skovala je užasnu prevaru. Rekla mu je da sam ja, trinaestogodišnja devojčica, pobegla, da bih na svet donela kopile. Suzdržavajući se zbog pogrešno shvaćene odanosti prema porodici, nikada nisam izdala ovu tajnu naše majke. Živela sam po pustarama s malim detetom, polubratom, i to su i za mene bile slobodne i srećne godine u poređenju sa onima koje su me čekale u manastiru, u koji su me vojvode iz Kornvola primorale da odem. Sve do jutros nisam upoznala muškarca, i prvi susret sa muškarcem, sa trideset i tri godine, zaboga, ispade incest...

– Da na miru pogledamo kako stvari stoje – pomirljivo reče Karlo Veliki. – Svakako je reč o incestu, ali ipak, izmeću polubrata i polusestre, nije baš tako strašan...

– Nema incesta, Vaša Sveta Visosti! Razvedri se, Sofronija! – uzviknu Torizmondo, ozarena lica. – Tragajući za svojim poreklom saznao sam tajnu koju sam zauvek želeo da sačuvam za sebe: onu za koju sam verovao da je moja majka – tebe Sofronija, nije rodila škotska kraljica, već ju je kralj dobio sa ženom upravnika imanja. Kralj je naredio svojoj ženi da te usvoji, znači onoj za koju sam tek sada shvatio da je moja majka, a koja je tebi samo maćeha. Sada shvatam kako je ona, pošto ju je kralj protiv njene volje primorao da se pretvara da ti je majka, jedva čekala da te se otarasi. I učinila je to pripisujući tebi mene – plod svog prolaznog greha. Pošto si ti kći škotskog kralja i jedne seljanke, a ja sin kraljice i Svetog Reda, onda mi nismo ni u kakvoj krvnoj vezi, već samo u, nedavno slobodno sklopljenoj, ljubavnoj vezi, i žarko se nadam da i ti želiš da je nastaviš.

– Čini mi se da se sve razrešava na najbolji mogući način... – reče Karlo Veliki, trljajući ruke. – Ali, nemojmo da zakasnimo da pronađemo našeg dobrog viteza Ađilulfa, i uverimo ga da njegovo ime i titula više nisu ni u kakvoj opasnosti.

– Ja ću poći, Visosti! – reče jedan vitez i pojuri. Beše to Rambaldo.

Ušavši u šumu, povika: – Vitežeee! Viteže Ađilulfooo! Sve je u redu! Vratite seee!

Uzvraća mu samo odjek.

Rambaldo stade da pretražuje šumu, stazu po stazu, a onda i šumske vrleti i potočiće, doziva, ćuli uši, traži nekakav znak, nekakav trag. I... evo tragova konjskih potkovica; odjednom kao da postaše dublji, kao da se životinja tu negde zaustavila. Tu trag kopita postaje lakši, kao da je konj pušten. Ali odatle polazi još jedan trag, otisak koraka u gvozdenim cipelama. Rambaldo pođe za njim.

Zaustavlja dah. Stiže do čistine. U podnožju jednog hrasta, razbacani po zemlji, nalaze se oboreni šlem s vizirom duginih boja, beli pancir, štitnici za bokove, ruke, šake – sve u svemu, svi delovi Ađilulfovog oklopa. Neki od njih kao da su raspoređeni s namerom da oblikuju piramidu, dok su se ostali, bez ikakvog reda, otkotrljali po zemlji. Na balčaku mača beše zakačen svitak : „Ovaj oklop ostavljam Rambaldu od Rosiljonijevih". Ispod beše nekakava polušara, poput kakvog započetog, a onda odmah prekinutog potpisa.

– Viteže! – doziva Rambaldo, okrenut šlemu, panciru, topoli, nebu. – Viteže! Uzmite svoj oklop! Vaš status u francuskoj vojsci i plemstvu nesporan je! – Pokuša da sastavi oklop, da ga postavi na noge, vičući sve vreme: – Postojite viteže, niko Vam to više ne može osporiti! Niko mu ne odgovara. Oklop ne stoji uspravno, šlem se otkotrlja na zemlju. – Viteže, toliko dugo odolevali ste samo snagom svoje volje uspevajući sve da uradite, kao da zaista postojite. Zašto se odjednom tako predajete? Ali ne zna više na koju stranu da se okrene: oklop je prazan, ne kao ranije, sad je i bez onog nečeg što se zvalo vitez Ađilulfo, a što se sada raspršilo kao kap u moru.

Rambaldo rasklopi pancir, skide se, obuče beli oklop, navuče na sebe Ađilulfov oklop, i dok u ruci steže šlem i mač, skoči na konja. Tako naoružan pojavi se pred carem i njegovom svitom.

– Ah, Ađilulfo, vratili ste se, sve je u redu, zar ne?

Ali iz šlema se začu drugačiji glas. – Ja nisam Ađilulfo, Vaša Visosti! – Vizir se podiže i pojavi se Rambaldovo lice. – Od Viteza od Gvildivernijevih ostao je samo beli oklop i ovaj svitak kojim oklop ostavlja meni. Sada jedva čekam da se bacim u borbu!

Trube zasviraše na uzbunu. Flota jedrenjaka s dva jedra iskrca saracensku vojsku u Bretanji. Franačka vojska pojuri da se postroji. – Tvoja želja je uslišena

– reče kralj Karlo. – Kucnuo je čas da se boriš. Učini čast oružju koje nosiš. Iako je bio nezgodne naravi, Ađilulfo je umeo da bude vojnik!

Franačka vojska odoleva napadačima, probija se kroz saracensko bojište, a među prvima je mladi Rambaldo. Bori se, udara, brani se, pokoji udarac uzvrati, pokoji primi. Mnogi Muhamedanci padoše ranjeni. Rambaldo ih je, koliko god ih je moglo stati, nizao na koplje, jednog za drugim. Na trubama osvajača već se povijaju zastavice, osvajači se guraju oko usidrenih jedrenjaka. Poraženi, gonjeni franačkim oružjem, otisnuše se svi osim onih koji su ostali da mavarskom krvlju natope sivu zemlju Bretanje.

Rambaldo iz bitke izađe kao pobednik, zdrav i čitav; ali oklop – blistav, netaknut, besprekoran Ađilulfov oklop – sav je prekriven zemljom, poprskan neprijateljskom krvlju, prepun ulubljenja, ogrebotina, okrnjen, dok mu je šlem napola očerupan, kaciga iskrivljena, štit oljušten baš na mestu gde se nalazi tajanstveni grb. Mladić oklop sad već doživljava kao sopstveni – oklop Rambalda od Rosiljonijevih. Prvobitna neprijatnost, koju je osetio kad ga je obukao, vać je daleko. Sada mu stoji kao saliven.

Evo ga na uzvišici jednog brda kako juri galopom. Iz dubine doline piskavo odzvanja glas. – Hej, ti gore, Ađilulfo!

Neki vitez trči ka njemu. Preko oklopa nosi zaštitni ogrtač plavoljubičaste boje. To ga Bradamante prati. – Konačno sam te pronašla, beli viteže!

„Bradamante, nisam ja Ađilulfo. Ja sam Rambaldo!" odmah htede da joj dovikne, ali pomisli da je bolje da joj to izbliza kaže, pa okrete konja da je sustigne.

– Konačno juriš za mnom, neuhvatljivi viteže! – uzvikuje Bradamante. – Oh, kad bih mogla da te vidim kako juriš pored mene, i ti, jedini muškarac čija dela nisu tek tako bačena, pa šta bude – improvizovana, lakomislena – poput dela čopora koji me obično prati! I tako govoreći, okrete konja pokušavajući da mu umakne. Ali stalno okreće glavu da vidi da li je on još uvek u igri i da li je prati.

Rambaldo je nestrpljiv da joj kaže: „Zar ne primećuješ da se i ja nevešto krećem i da svaki moj pokret odaje želju, nezadovoljstvo, nemir? I ja sam samo jedan od onih koji žele da znaju šta u stvari žele!" Da bi joj to rekao prati je galopom, a ona se smeje i kaže: – Oduvek sam sanjala ovaj dan!

Načas je izgubi iz vida. Nasred travnate, usamljene doline, njen konj beše vezan za jedan dud. Sve je isto kao onda kada ju je prvi put pratio i ne sumnjajući da je žena. Rambaldo sjaha sa konja. Ugleda je, ispruženu na obronku prepunom mahovine. Skinuvši oklop, ostala je samo u tunici boje topaza. Tako ležeći pruži ruke k njemu. Rambaldo, u belom oklopu, prilazi. Sada je pravi trenutak da joj kaže : „Ja nisam Ađilulfo, gledaj kako je sada oklop u koji si se zaljubila živ, kako oseća težinu mog još uvek mladog i krepkog tela. Zar ne vidiš kako je ovaj pancir izgubio svoj neljudski sjaj, kako je postao odelo u kome se ratuje, odelo izloženo udarcima, strpljivo i korisno oruđe." Sve bi to želeo da joj kaže, pa ipak stoji drhtavih ruku, i neodlučno koraknu prema njoj. Možda bi bilo najbolje da se otkrije, da skine oklop, da joj se prikaže kao Rambaldo, sada na primer dok su joj oči sklopljene, a na licu joj lebdi osmeh iščekivanja. Mladić uznemireno strže sa sebe oklop. Sad će ga Bradamante, kad otvori oči, prepoznati... Ne, lice prekriva rukom, kao da ne želi da pogledom pokvari nevidljivo približavanje nepostojećeg viteza. Rambaldo se baci na nju.

– Oh, da, da, bila sam u to sigurna! – uzvikuje Bradamante, sklopljenih očiju. – Oduvek sam bila sigurna da je to moguće! – privi se uz njega i grozničavo se spojiše. Oh, da, da, znala sam!

Sada, kada se i ovo dogodilo, dolazi trenutak da jedno drugom pogledaju u oči.

„Videće me – načas pomisli Rambaldo, u trenu ponosa i nade – sve će shvatiti, shvatiće da je i ovako bilo ono pravo i lepo i voleće me do kraja života."

Bradamante otvori oči. – Ah, ti!

Odgurnuvši Rambalda, ustade.

– Ti! Ti! – viče usta punih besa, a iz očiju joj vrcaju suze: – Ti! Varalice!

Stade, isuka mač, podiže ga ka Rambaldu, udari ga po glavi, ali pljoštimice, ošamuti ga. Sve što uspe da joj kaže, podižući nenaoružane ruke da bi se zaštitio ili možda da bi je zagrlio, beše: – Ali reci, reci, zar nije bilo lepo?... – Potom izgubi svest, dok do njega, kao kroz maglu, dopiraše samo topot njenog konja kako odlazi.

Ako je nesrećna ona ljubav koja priziva poljupce čiji ukus i ne poznaje, još je hiljadu puta nesrećniji onaj koji taj ukus okusi, a onda mu odmah potom bude uskraćen. Rambaldo nastavi da živi životom neustrašivog vojnika. Tamo gde je najveća gužva bori se njegovo koplje. A kada u kovitlanju mačeva ugleda blesak plavoljubičaste boje, hita – Bradamante! – uzvikuje, ali uvek uzalud.

Jedini kome bi želeo da poveri svoje muke – nestao je. Katkad, lutajući pustarama, prene ga neki pancir koji, na štitnicima za bedra, uspravno stoji, kao i iznenadno podizanje štitnika za lakat, jer ga podsete na Ađilulfa. A šta ako se vitez nije rasplinuo, ako je našao neki drugi oklop? Rambaldo se približi i kaže: – Nemam nameru da Vas vređam, viteže, ali želeo bih da podignete vizir svoga šlema.

Uvek se ponada da će se naći pred praznom šupljinom; ali se uvek pomoli neki nos iznad dva uvijena brka. – Izvinite – promrmlja i odlazi.

Još neko je u potrazi za Ađilulfom: Gurdulu', koji se, svaki put kad vidi neku praznu šerpu, dimnjak, ili čabar, zaustavlja i uzvikuje: – Gospodine, gospodaru! Naredite, gospodaru!

Sedeo je na poljani kraj puta i naširoko govorio u otvor neke opletene boce, kad začu glas kako ga doziva: – Gurdulu', koga tu unutra tražiš?

Beše to Torizmondo, koji je, pošto je u prisustvu Karla Velikog svečano proslavio svoje venčanje sa Sofronijom, s nevestom i bogatom pratnjom jahao za Kurvaldiju, jer ga je car imenovao za tamošnjeg vojvodu.

– Tražim svog gospodara – odgovori Gurdulu'.

– U toj boci?

– Moj gospodar je neko koga nema; dakle, može isto da ga nema u nekoj boci koliko i u oklopu.

– Ali, tvoj se gospodar rasplinuo u vazduhu!

– Znači, ja sam štitonoša vazduha?

– Ako pođeš sa mnom postaćeš moj štitonoša.

Stigoše u Kurvaldiju. Zemlja više nije mogla da se prepozna. Tamo gde su nekada bila sela iznikli su gradovi s kamenim građevinama, vodenice, kanali.

– Dobri ljudi, vratio sam se da ostanem s vama...

– Živeo! Bravo! Živeo! Živela nevesta!

– Sačekajte da vidim koliko ćete tek biti srećni zbog vesti koju vam upravo donosim: car Karlo Veliki, čijem ćete se svetom imenu od sada pa nadalje klanjati, dodelio mi je titulu grofa od Kurvaldije!

– Ah... Ali... Karlo Veliki? Zaista...

– Zar ne shvatate? Sad imate grofa! Opet ću Vas zaštititi od tlačenja Vitezova Grala!

– Oh, još pre izvesnog vremena izbacili smo ih iz čitave Kurvaldije! Vidite, mi smo toliko dugo bili poslušni... Ali sada vidimo da možemo lepo da živimo a da ništa ne dugujemo ni vitezovima ni grofovima... Obrađujemo zemlju, sagradili smo zanatske radnje, mlinove, zahtevamo da se poštuju naši zakoni, štite naše granice – sve u svemu guramo nekako, ne možemo se požaliti. Vi ste velikodušan mladić i nećemo za-

113

boraviti ono što ste za nas učinili... Želeli bismo da ostanete ovde... ali da budete jednaki sa nama ...

– Jednak? Ne želite me za grofa? Ali zar ne shvatate, to je carsko naređenje? Ne možete ga odbaciti?

– Eh, uvek se tako kaže: ne možete... Izgledalo je nemoguće da se rešimo i onih vitezova... A tada smo imali samo kose i kosire... Mi nikome ne želimo ništa loše, pogotovu ne Vama... Vi ste vredan mladić, razumete se u štošta što mi ne znamo... Ako ostanete ovde kao nama ravan i ako ne budete nadmeni, možda ćete svejedno postati prvi među nama...

– Torizmondo, ja sam umorna od tolikih nedaća – reče Sofronija podižući veo. – Ovi ljudi izgledaju razumno i ljubazno, a grad mi se čini lepšim i bolje snabdevenim od mnogih... Zašto ne pokušamo da se negde skrasimo?

– A naši potomci?

– Postaće svi stanovnici Kuvaldije – odgovoriše meštani – i imaće onoliko koliko vrede.

– Da li ću morati da sebi ravnim smatram i ovog štitonošu, Gurdulua, koji ne zna ni da li postoji ili ne?

– Naučiće i on... Ni mi nismo znali da na svetu postojimo... Čovek treba da nauči i da postoji...

XII

Knjigo, stigla si do kraja. U poslednje vreme počela sam da pišem navrat-nanos. Od jednog do drugog reda preskakala sam države, mora i kontinente. Kakva li me je to mahnitost uhvatila, kakvo nestrpljenje? Reklo bi se da nešto očekujem. Ali šta uopšte mogu da očekuju monahije koje su se ovde povukle kako bi bile van stalne promenljivosti sveta? Šta drugo mogu da očekujem osim novih stranica koje treba da ispišem i uobičajenih udaraca manastirskog zvona?

Evo, čuje se kako strmim putem dolazi neki konj, evo ga, zaustavlja se baš ispred manastirskih vrata. Vitez kuca. Sa svog prozorčića ne mogu da ga vidim, ali razaznajem njegov glas. – Hej, dobre sestre, hej, čujete li?

Da to nije onaj glas? Možda grešim? Da, to je taj glas! To je Rambaldov glas koji je tako dugo odzvanjao ovim stranicama! Šta Rambaldo traži ovde?

– Hej, dobre sestre, da li biste bile ljubazne da mi kažete da li je u ovom manastiru našla utočište jedna ratnica – čuvena Bradamante?

Eto, tražeći Bradamante po svetu, Rambaldo je morao da dospe čak dovde.

Čujem glas predstojnice kako odgovara: – Ne, vojniče, ovde nema ratnica, tu su samo jadne pobožne žene koje se mole i ispaštaju i tvoje grehe.

Sada ja trčim ka prozoru i vičem: – Da, Rambaldo, ovde sam, sačekaj me, znala sam da ćeš doći, silazim, odlazim s tobom!

Na brzinu skidam kapicu, manastirske koprene, kaluđersku podsuknju, iz velike škrinje izvlačim svoju malu tuniku boje topaza, pancir, štitnike za noge, šlem, mamuze, plavoljubičasti ogrtač.

Da, knjigo. Sestra Teodora koja pripoveda ovu priču i ratnica Bradamante ista su žena. Malo, kroz dvoboje i ljubavi, galopiram bojnim poljima, a malo se sklanjam u manastire, razmišljam i prepričavam priče koje su mi se dogodile, pokušavajući da ih shvatim. Kad sam se ovde povukla bejah očajnički zaljubljena u Ađilulfa. Sada izgaram za mladim i strasnim Rambaldom.

Zato je moje pero iznenada počelo da juri. Ka njemu je hrlilo znajući da on neće zakasniti, da stiže. Stranica knjige dobra je samo ako se, kada se okrene, iza nje nalazi život koji navire i remeti sve listove knjige. Pero ubrzava zbog istog onog zadovoljstva koje te nagoni da pređeš neki put. Glava koju započinješ, i ne znajući kakvu će priču ispričati, ista je kao i ćošak za koji ćeš zamaći kad izađeš iz manastira, a ne znaš da li će iza njega iskrsnuti zmaj, varvarska vojska, začarano ostrvo ili nova ljubav.

Hitam Rambaldo! Ne pozdravljam ni predstojnicu. Već me poznaju i znaju da se posle bitaka, zagrljaja i prevara uvek vraćam ovom manastiru. Ali, sada će biti dugačije... Biće...

Iz pripovedanja o prošlosti, i iz sadašnjosti koja me uznemirenim potezima pera vodi za ruku, evo kako, o budućnosti, uskačem u sedlo tvoga konja. Kakve ćeš mi nove barjake podići sa kula još nesagrađenih gradova? Koje će vatre opustošiti zamkove i vrtove koje sam volela? Kakva nepredvidiva zlatna doba pripremaš, ti kojom se teško gospodari, ti vesnice skupo plaćenih blaga, ti kraljevstvo koje tek treba da osvojim — ti budućnosti...

Autor o ovoj knjizi

U Reči i misli dosad su se pojavili prevodi sledećih Kalvinovih dela: *Baron na drvetu* (1967), *Zamak ukrštenih sudbina* (1997) i *Kosmikomike* (1998). *Nepostojeći vitez* je izašao u prvom izdanju, u Torinu, novembra 1959. godine, dok se Kalvino nalazio na putovanju po Sjedinjenim Američkim Državama. Da bismo ga predstavili autorovim rečima, izabrali smo dva teksta: tekst na omotu knjige (nepotpisani) kojim je Kalvino opisao svoju knjigu, i pismo u časopisu *Novi svet* (Mondo nuovo), političkom nedeljniku socijalističke levice tih godina, kao odgovor na recenziju kritičara Voltera Pedule. *Novi svet* je ovo pismo objavio u broju od 3. aprila 1960. godine, pod naslovom *Kalvinovo pismo*.

Ovaj Kalvinov roman nadovezuje se na *Raspolućenog vikonta* i *Barona na drvetu* zaokružujući trilogiju simboličnih likova; to je gotovo genealoško stablo predaka savremenog čoveka. Ovog puta Kalvino je otišao još dalje u prošlost, te se radnja njegovog romana odigrava među paladinima Karla Velikog u nekom srednjem veku koji je van svake istorijske i geografske verodostojnosti koja je inače svojstvena viteškim romanima.

No, karakter Kalvinove inventivnosti ovde je više nego ikad moderan. Uostalom, kada bi bilo moguće udahnuti život Adilulfu, nepostojećem vitezu, ako ne danas, u srcu najapstraktnije masovne kulture u kojoj je ljudsko biće tako često zaklonjeno dužnostima, nadležnostima i unapred određenim pravilima ponašanja? Ko je više nalik zatvorenom i nevidljivom ratniku u oklopu od hiljada nevidljivih ljudi zatvorenih u automobilima koji nam neprestano promiču

117

pred očima? Štitonoša Gurdulu, koji postoji a da to i ne zna, mogao bi se možda pojmiti i izvan savremene literature, okrenute ka ispitivanju predsvesne ljudskosti i postojanja koje je još uvek neizdiferencirano od sveta pojava? A zar, među pojavama koje prate događaje, vagnerijanska groteksnost Vitezova Grala nema prizvuk savremenosti, danas kada je u modi zen budizam?

No, ono što je najvažnije jeste da se *Nepostojeći vitez* može čitati bez obzira na sva moguća značenja, zabavljajući se Ađululfovim i Gurduluovim doživljajima, dogodovštinama gorde Bradamante i mladog Rambalda, turobnog Torizmonda, lukave Prisile i smerne Sofronije. Kroz nizanje lakrdijaških dosetki, bitaka, dvoboja i brodoloma, lako se otkriva uobičajeni Kalvinov pečat, njegov aktivni moral i ironična i melanholična uzdržanost, njegova težnja ka punoći života, ka potpunoj ljudskosti.

*

Nekoliko meseci sam već na putovanju po Sjedinjenim Američkim Državama i tek sada, kad sam se vratio u Njujork, do ruku mi je došlo nekoliko isečaka iz štampe koji se odnose na moj roman *Nepostojeći vitez*, koji je izašao kad sam već bio u Americi. Tako sa velikim zakašnjenjem čitam članak koji je potpisao Volter Pedula, članak objavljen u broju od 31. januara tvog časopisa, pod naslovom *Roman bivšeg komuniste.*

Kritičar ima pravo da svako delo tumači kako želi, ali ja osećam obavezu da tvoje čitaoce upozorim da je tumačenje *Nepostojećeg viteza* u političko-alegorijskom ključu potpuno proizvoljno i da nimalo ne odgovara mojim namerama niti mojim osećanjima, kao i da potpuno izobličava čitanje knjige.

Nepostojeći vitez je priča o raznim stupnjevima čovekovog postojanja, o odnosima između postojanja i svesti, između subjekta i objekta, o našoj mogućnosti da se ostvarimo i da stupimo u odnos sa stvarima; to je lirski preobražaj tumačenja i pojmova koji se danas često javljaju u filozofskim, antropološkim, sociološkim i istorijskim istraživanjima; o tome sam istovremeno pisao i u svom eseju

More objektivnosti koji je izašao u časopisu *Menabo 2,* a koji može predstavljati teorijsko polazište za ono što sam u romanu želeo da izrazim u fantastičnoj formi. *Ali dođavola, kakve veze ima alegorija o komunistima sa svim ovim?*

Do sada sam video samo mali broj recenzija, ali vidim da su i drugi u liku Ađilulfa videli upravo „partijskog funkcionera"? Čini mi se da su slična tumačenja teksta, koji ne daje nikakvo uporište za rasprave tog tipa, samo plod opšte fiksacije da se u knjizi vidi dnevna politika.

U *Nepostojećem vitezu,* kao i u svoja dva prethodna fantastično-moralna ili lirsko-filozofska romana, nazovite ih kako god želite, nisam imao nameru da izložim bilo kakvu političku alegoriju, već sam samo želeo da proučim i prikažem položaj savremenog čoveka, načine njegove „otuđenosti" i puteve ostvarivanja potpune ljudskosti.

Pedula piše: „Vitezovi Svetog Grala su groteskna alegorija komunista." Groteskno, štaviše potpuno besmisleno, jeste Pedulaovo tumačenje. Kako se tu, u tom kontekstu mogu naći – komunisti? Na tom mestu sam, u okviru navođenja raznih primera odnosa između pojedinaca i spoljnjeg sveta, imao potrebu da ilustrujem i jednu posebnu vrstu odnosa – onog mističnog, odnosa koji se sastoji u sjedinjenju sa univerzumom; i ja ga objašnjavam, možda čak isuviše jasno, i iznosim svoju poziciju koja je protiv tog stava, pa je to i jedno od poglavlja knjige koje smatram „najideološkijim". Pedula međutim tu vidi komuniste i Mađarsku. Tu se već radi o opsesiji!

Naprotiv, upravo u poglavlju o Vitezovima Grala dao sam primer osvešćenja na istorijskom planu: narod Kurvaldije koji postaje svestan svog postojanja u trenutku u kome se bori za slobodu, i to jeste jedina „politička alegorija" u knjizi, ali, istinu govoreći, to nije ni alegorija, već očigledno prikazivanje naroda i klasa koji se kroz borbu ostvaruju na planu *Postojanja.*

Pišem fantastične priče jer mi se dopada da u njih ulijem izvestan energetski naboj, akciju, optimizam za koje mi savremena stvarnost ne daje povoda. Naravno, ako me neki kritičar smatra „dekadentnim" ja sa tim i ne moram da se složim, ali ne mogu ni da negodujem; to je istorijsko-literarni sud gde su moje namere nebitne. No, definisanje

119

političke pozicije pitanje je činjeničnog stanja; smatram dakle svojom dužnošću da ih opovrgnem i upozorim čitaoce na tendenciozna tumačenja. Posebno me uznemirava da se u vezi sa mnom govori o „veri" (u komunizam) i „gubitku vere" (s potonjim antikomunizmom); to je stav iz knjige *Bog koji je izneverio*[*], koji je uvek bio u suprotnosti sa svim onim što sam pisao, činio, rekao i mislio.

---

[*] Odnosi se na knjigu *Bog koji je izneverio. Šest svedočenja o komunizmu,* koju je priredio R. H. S. Crossman, Izdanje Comunita, Milano 1950, u kojoj šest pisaca koji su aktivno delovali ili bili simpatizeri komunističkih partija tridesetih i četrdesetih godina (A. Gide, L. Fischer, A. Koestler, I. Silone, S. Spender i R. Wright) govore o svojim političkim iskustvima i objašnjavaju razloge svog udaljavanja od tog pokreta.

SADRŽAJ

Italo Kalvino
NEPOSTOJEĆI VITEZ

*

Glavni urednik
JOVICA AĆIN

*

Nacrt za korice
JANKO KRAJŠEK

Realizacija
ALJOŠA LAZOVIĆ

*

Lektor
MIROSLAVA STOJKOVIĆ

*

Korektor
NADA GAJIĆ

*

I. P. RAD, d. d.
Beograd, Dečanska 12

*

Za izdavača
ZORAN VUČIĆ

*

Priprema teksta
Grafički studio RAD

*

Štampa
ZUHRA, Beograd

CIP – Каталогизација у публикацији
Народна библиотека Србије, Београд

850-31

КАЛВИНО, Итало
    Nepostojeći vitez / Italo Kalvino ; [prevele Srbislava Vukov-Simen-
tić, Snežana Marinković]. – Beograd : Rad, 1998 (Beograd : Zuhra). –
123 str. ; 18 cm. – (Reč i misao ; knj. 487)

Prevod dela: Il cavaliere inesistente / Italo Calvino.

ISBN 86-09-00579-8

ID=68701964